O PODER DA AUTODISCIPLINA

Brian Tracy

O PODER DA AUTODISCIPLINA

21

MANEIRAS DE ALCANÇAR

Felicidade

e SUCESSO

DURADOUROS

Tradução
Úrsula Massula

Principis

Esta é uma publicação Principis, selo exclusivo da Ciranda Cultural
© 2025 Ciranda Cultural Editora e Distribuidora Ltda.

Traduzido do original em inglês
No excuses! The power of self-discipline

Produção editorial
Ciranda Cultural

Texto
Brian Tracy

Diagramação
Linea Editora

Editora
Michele de Souza Barbosa

Design de capa
Ana Dobon

Tradução
Úrsula Massula

Preparação
Walter Guerrero Sagardoy

Revisão
Fernanda R. Braga Simon

Dados Internacionais de Catalogação na Publicação (CIP) de acordo com ISBD

T761p	Tracy, Brian
	O poder da autodisciplina: 21 maneiras de alcançar felicidade e sucesso duradouros / Brian Tracy ; traduzido por Úrsula Massula. - Jandira : Principis, 2025.
	256 p. ; 15,5cm x 22,6cm.
	ISBN: 978-65-5097-263-9
	1. Autoajuda. 2. Desenvolvimento pessoal. 3. Disciplina. 4. Empoderamento. 5. Autodesenvolvimento. I. Massula, Úrsula. II. Título.
2025-1974	CDD 158.1
	CDU 159.947

Elaborado por Vagner Rodolfo da Silva - CRB-8/9410

Índice para catálogo sistemático:
1. Autoajuda 158.1
2. Autoajuda 159.947

1ª edição em 2025
www.cirandacultural.com.br
Todos os direitos reservados.
Nenhuma parte desta publicação pode ser reproduzida, arquivada em sistema de busca ou transmitida por qualquer meio, seja ele eletrônico, fotocópia, gravação ou outros, sem prévia autorização do detentor dos direitos, e não pode circular encadernada ou encapada de maneira distinta daquela em que foi publicada, ou sem que as mesmas condições sejam impostas aos compradores subsequentes.

*Este livro é carinhosamente dedicado
ao meu amigo e parceiro Eric Berman,
uma das pessoas mais determinadas
e disciplinadas que já conheci.*

SUMÁRIO

Introdução.	O milagre da autodisciplina	9
Parte I.	**Autodisciplina e sucesso pessoal**	**25**
Capítulo 1.	Autodisciplina e sucesso	27
Capítulo 2.	Autodisciplina e caráter	40
Capítulo 3.	Autodisciplina e responsabilidade	52
Capítulo 4.	Autodisciplina e metas	63
Capítulo 5.	Autodisciplina e excelência pessoal	75
Capítulo 6.	Autodisciplina e coragem	97
Capítulo 7.	Autodisciplina e persistência	107
Parte II.	**Autodisciplina em negócios, vendas e finanças**	**113**
Capítulo 8.	Autodisciplina e trabalho	115
Capítulo 9.	Autodisciplina e liderança	129
Capítulo 10.	Autodisciplina e negócios	139
Capítulo 11.	Autodisciplina e vendas	148
Capítulo 12.	Autodisciplina e dinheiro	158
Capítulo 13.	Autodisciplina e gerenciamento de tempo	168
Capítulo 14.	Autodisciplina e solução de problemas	178
Parte III.	**Autodisciplina e o segredo para uma vida plena**	**187**
Capítulo 15.	Autodisciplina e felicidade	189
Capítulo 16.	Autodisciplina e saúde	198
Capítulo 17.	Autodisciplina e condicionamento físico	208
Capítulo 18.	Autodisciplina e casamento	215
Capítulo 19.	Autodisciplina e filhos	226
Capítulo 20.	Autodisciplina e amizade	238
Capítulo 21.	Autodisciplina e paz de espírito	248

INTRODUÇÃO

O milagre da autodisciplina

"Há mil desculpas para o fracasso, mas nunca uma boa razão."
–Mark Twain

Por que algumas pessoas são mais bem-sucedidas do que outras? Por que ganham mais dinheiro, têm uma vida mais feliz e conquistam muito mais do que a grande maioria? Qual é o verdadeiro "segredo do sucesso"?

Costumo iniciar meus seminários com um breve exercício, perguntando ao público:

"Quantos aqui gostariam de dobrar sua renda?"

Quase todos sorriem e levantam as mãos. Em seguida, faço-lhes mais algumas perguntas:

"E quantos gostariam de perder peso? Livrar-se das dívidas? Conquistar independência financeira?"

De novo, a plateia sorri, alguns aplaudem, e todos levantam as mãos. Então, digo:

"Maravilha! Essas são grandes metas, que todos almejamos. Todos queremos ganhar mais dinheiro, passar mais tempo com nossas famílias, estar em boa forma e conquistar independência financeira".

Não apenas todos queremos as mesmas coisas, como sabemos o que precisamos fazer para alcançá-las, assim como pretendemos fazer todas essas coisas em algum momento. Acontece que, sem nem mesmo darmos o primeiro passo, nos pegamos pensando: "Por que não tirar antes umas feriazinhas? E ir para aquela ilha? A fantástica *Ilha-do-Quem-Sabe-um-Dia*?".

Dizemos a nós mesmos: um dia vou ler aquele livro. Um dia vou começar aquele programa de exercícios físicos. Um dia vou aprimorar minhas habilidades e aumentar minha renda. Um dia vou organizar minhas finanças e sair das dívidas. Um dia, farei todas essas coisas que sei que preciso fazer para alcançar todos os meus objetivos. Um dia.

É provável que 80% da população viva na *Ilha-do-Quem-Sabe-um-Dia*. As pessoas pensam, sonham e fantasiam sobre toda sorte de coisas que planejam realizar "um dia". E por quem essa gente vive rodeada na tal ilha?

Sim, claro! Por outros habitantes da *Ilha-do-Quem-Sabe-um-Dia*. E qual é o assunto principal nas suas rodas de conversa? Desculpas! Todos sentados, trocando desculpas sobre os motivos para ali estarem.

"Por que você está aqui?", perguntam uns aos outros.

Como era de esperar, suas desculpas são quase sempre as mesmas: "Não tive uma infância feliz"; "Não recebi uma boa educação"; "Não tenho dinheiro"; "Meu chefe é crítico demais"; "Meu casamento não está legal"; "Ninguém gosta de mim"; "A economia anda péssima".

Essas pessoas foram acometidas pela "desculpite", uma doença letal para o sucesso. Todos têm boas intenções, mas, como bem sabemos, "De boas intenções o inferno está cheio".

A primeira regra para o sucesso é clara: saia já dessa ilha!

Chega de desculpas! Pare de usar o seu cérebro incrível criando racionalizações e justificativas superelaboradas para não tomar uma atitude. Faça alguma coisa. Faça qualquer coisa. Vá em frente! Repita para si: "Se for para acontecer, isso só depende de mim!".

Perdedores falam em desculpas; vencedores, em progresso.

Bem, então como você pode descobrir se sua desculpa favorita é válida ou não? Simples. Olhe à sua volta e se pergunte: "Existe alguém por aí dando as mesmas desculpas que eu e, mesmo assim, sendo uma pessoa bem-sucedida?".

Ao se fazer essa pergunta, se for honesto consigo mesmo, você terá de admitir que existem milhares e até mesmo milhões de pessoas que passaram por situações muito piores do que as suas e, ainda assim, conquistaram coisas extraordinárias na vida. O que essas milhares e milhões de pessoas fizeram você também pode fazer – se você tentar.

Dizem que, se as pessoas direcionassem a mesma energia para alcançar suas metas que gastam inventando desculpas para seus fracassos, ficariam surpresas com os resultados. Mas, antes de qualquer coisa, é preciso dar o fora, agora mesmo, da *Ilha-do-Quem-Sabe-um-Dia*.

Os primeiros passos são modestos

Poucos são os que já começam com grandes vantagens na vida. Eu, por exemplo, não concluí o Ensino Médio e, por anos, trabalhei em empregos braçais. Tinha uma educação limitada, habilidades limitadas e um futuro também limitado. Foi quando comecei a me fazer a tal pergunta: "Por que algumas pessoas são mais bem-sucedidas do que outras?". Essa pergunta simplesmente mudou a minha vida.

Já há muito tempo tenho me aprofundado na leitura de milhares de livros e artigos que tratam do sucesso e da realização pessoal. Ao que parece, as razões para essas conquistas têm sido discutidas e documentadas há mais de dois mil anos, de todas as maneiras possíveis.

Uma qualidade amplamente reconhecida por filósofos, educadores e especialistas no assunto é a importância da *autodisciplina*. Disciplina é o que você precisa ter para resistir à tentação dos subterfúgios.

Autodisciplina é o que lhe permite "dar o fora da ilha". Autodisciplina é a chave para uma vida plena, e sem ela nenhum sucesso duradouro pode ser alcançado.

Cultivar a autodisciplina foi algo que mudou a minha vida, assim como mudará a sua.

Conforme passei a exigir mais de mim mesmo, tornei-me mais bem-sucedido; primeiramente, na área de vendas e, em seguida, na de gestão. Retomei meus estudos e fiz um MBA já na casa dos trinta, o que me exigiu milhares de horas de dedicação intensa. Fui pioneiro na importação de veículos Suzuki para o Canadá, fundei sessenta e cinco concessionárias e vendi US$25 milhões em veículos – tudo isso sem nenhuma experiência prévia na área. O que eu tinha, no entanto, era a disciplina e a determinação necessárias para aprender o que eu precisava saber e então colocar esse conhecimento em prática.

Ingressei no setor de desenvolvimento imobiliário, também sem nenhuma experiência ou conhecimento prévios, mas apliquei o poder da disciplina, apoiado por centenas de horas de trabalho e estudo. Graças a essa dedicação, ergui centros comerciais, parques industriais, edifícios corporativos e empreendimentos residenciais.

Com autodisciplina, desenvolvi negócios prósperos nas áreas de treinamento, consultoria e palestras, além de atuar na produção e distribuição de conteúdos escritos e audiovisuais. Meus programas em áudio e vídeo, livros, seminários, bem como meus programas de treinamento, venderam mais de US$500 milhões, tendo sido publicados em trinta e seis línguas e cinquenta e cinco países. Ao longo dos últimos anos, prestei consultoria para mais de mil empresas e treinei mais de 5 milhões de pessoas em seminários e palestras presenciais. E, em cada uma dessas experiências, a prática da autodisciplina foi essencial para o meu sucesso.

Descobri que, com disciplina para pagar o preço que se deve pagar, fazer o que se deve fazer e jamais desistir, é possível alcançar praticamente qualquer meta que você estabelecer para si mesmo.

Para quem este livro é indicado?

Este livro foi escrito para mulheres e homens ambiciosos e determinados, que desejam alcançar tudo o que é possível em sua vida. Foi escrito para pessoas "sedentas" por fazer mais, por ter mais e por se tornar mais do que jamais foram.

Talvez o *insight* mais importante de todos quando falamos em sucesso seja que, para realizar grandes feitos, você precisa se transformar em uma pessoa diferente. O que é de fato mais importante? Não são as suas conquistas materiais, mas *o tipo de pessoa que você precisa se tornar* para atingir resultados excepcionais. E é o desenvolvimento da autodisciplina que torna essa transformação possível.

Este livro será seu guia passo a passo para se transformar em uma pessoa extraordinária, capaz de feitos igualmente extraordinários.

Descobrindo o caminho para o sucesso em um encontro casual

Alguns anos atrás, participei de uma conferência em Washington, D.C. Durante o intervalo, fui almoçar em uma praça de alimentação nas proximidades. O lugar estava lotado, então sentei-me sozinho na última mesa disponível, mesmo sendo uma mesa para quatro pessoas.

Poucos minutos depois, um senhor e uma jovem, que aparentava ser sua assistente, aproximaram-se. Os dois carregavam bandejas e era nítido que procuravam por lugares para se sentar. Com muito espaço na minha mesa, prontamente me levantei, convidando o senhor a se juntar a mim. Ele se mostrou hesitante a princípio, mas insisti. Por fim, ele se sentou, um tanto agradecido, e começamos a conversar enquanto almoçávamos.

Eis que o tal homem era Kop Kopmeyer. De imediato, soube de quem se tratava: uma lenda nos campos de sucesso e realização. Autor de quatro *best-sellers*, cada um deles contendo 250 princípios para o sucesso, frutos de mais de cinquenta anos de pesquisa e estudo. Eu simplesmente já havia lido todos esses quatro livros, do começo ao fim, mais de uma vez cada um.

Depois de conversarmos um pouco, finalmente fiz-lhe a pergunta que muita gente em meu lugar faria: "De todos os mil princípios para o sucesso catalogados pelo senhor, qual considera ser o mais importante?".

Ele sorriu para mim com um brilho nos olhos, como se essa pergunta já lhe tivesse sido feita inúmeras vezes, e então me respondeu, sem hesitar:

"O princípio mais importante de todos foi enunciado por Elbert Hubbard, um dos escritores mais prolíficos de que se tem conhecimento da história norte-americana, no início do século XX. Ele disse: '*Autodisciplina é a capacidade de fazer o que se deve fazer, quando tiver de fazer, independentemente de como você se sente*'."

Ele então prosseguiu:

"Há outros 999 princípios para o sucesso que descobri ao longo de minhas leituras e da minha experiência de vida, mas, sem autodisciplina, nenhum deles é eficaz. Com ela, todos são".

A autodisciplina é, portanto, a chave para a grandeza pessoal. É a qualidade mágica que abre portas e amplia possibilidades. Com autodisciplina, uma pessoa comum pode alcançar grandes feitos, indo tão longe e tão rápido quanto seus talentos e sua inteligência permitirem. Sem ela, mesmo aqueles abençoados com um histórico familiar próspero, uma boa educação e excelentes oportunidades, mal conseguirão ultrapassar a mediocridade.

Seus dois piores inimigos

Assim como a autodisciplina é a chave para o sucesso, *sua ausência é a* principal responsável pelo fracasso, pela frustração, pelo baixo desempenho e pela infelicidade na vida. A falta de autodisciplina nos leva a criar desculpas e a nos conformar com menos do que somos capazes de alcançar.

Talvez os dois maiores inimigos do sucesso, da felicidade e da realização pessoal sejam, em primeiro lugar, o Caminho da Menor Resistência e, em segundo, o Fator Conveniência.

O Caminho da Menor Resistência é o que faz com que as pessoas optem por tomar a rota mais fácil em quase todas as situações. Buscam atalhos para tudo: chegam ao trabalho no último minuto antes do horário e vão embora na primeira oportunidade. Procuram formas de ganhar dinheiro fácil e esquemas do tipo *como-enriquecer-da-noite-para-o-dia*. Com o tempo, acabam criando o hábito de sempre procurar pela maneira mais fácil e mais rápida de conseguir o que querem, em vez de fazer o que é árduo (porém necessário) para alcançar o verdadeiro sucesso.

Já o Fator Conveniência, uma extensão da Caminho da Menor Resistência, é ainda mais prejudicial, levando as pessoas ao baixo desempenho e ao fracasso. Esse princípio sugere: "As pessoas tendem a buscar a solução mais rápida e fácil para conseguir o que querem, de imediato, com pouca ou nenhuma preocupação com as consequências no longo prazo de suas ações". Em outras palavras, a maioria prefere fazer o que é *conveniente*, o que é divertido e o que é fácil, em vez do que é *necessário* para alcançar o sucesso.

Todos os dias, e a cada minuto de cada dia, há uma batalha sendo travada dentro de você, uma batalha entre o que é certo, o que é difícil e o que é necessário (algo como um anjo em um de seus ombros) e o que é divertido, o que é fácil e o que é de pouco ou nenhum valor (como um diabo em seu outro ombro). A todo momento, você precisa lutar e vencer essa batalha contra o Fator Conveniência e resistir à força atrativa do Caminho da Menor Resistência, isso se verdadeiramente deseja alcançar todo o seu potencial.

Tome as rédeas da sua vida

Autodisciplina também pode ser entendida como *autodomínio*. O sucesso só se torna viável quando se é capaz de gerir as próprias emoções, desejos e inclinações. Indivíduos que carecem da capacidade de controlar seus desejos se tornam fracos e dissolutos, assim como pouco confiáveis em outros aspectos.

Outra maneira de definir autodisciplina é *autocontrole*. Sua capacidade de controlar a si bem como as suas ações; de controlar o que diz e faz; e de garantir que seus comportamentos sejam consistentes com seus objetivos e suas metas de longo prazo: tudo isso são características distintivas de uma pessoa superior.

A disciplina é frequentemente vista como uma forma de *abnegação*. Exige que você se prive dos prazeres cômodos, das tentações que levam tantos a se desviar do caminho correto e, em vez disso, discipline-se. Discipline--se a fazer apenas aquilo que sabe ser tanto correto no longo prazo como apropriado para o momento presente.

A autodisciplina requer a prática da *gratificação postergada*, a capacidade de adiar a satisfação imediata em prol de recompensas maiores no longo prazo.

Pense no longo prazo

O sociólogo doutor Edward Banfield, da Universidade de Harvard, conduziu um estudo abrangente ao longo de cinco décadas sobre os fatores que influenciam a ascensão socioeconômica nos Estados Unidos. Banfield concluiu que o atributo mais significativo entre os indivíduos que alcançaram grande sucesso na vida foi "perspectiva de longo prazo". O pesquisador definiu essa "perspectiva de prazo" como o intervalo de tempo que um indivíduo considera ao decidir suas ações no presente.

Em outras palavras, os indivíduos mais bem-sucedidos são aqueles que adotam uma mentalidade de longo prazo. Eles vislumbram o futuro, o mais distante possível, para definir que tipo de pessoa desejam se tornar e quais metas almejam alcançar. A partir dessa visão, retornam ao presente e estabelecem o que precisam fazer – ou evitar – para alcançar o futuro desejado.

Essa abordagem de pensar no longo prazo se aplica a diversas áreas da vida, como trabalho, carreira, casamento, relacionamentos no geral, finanças e comportamento pessoal – cada um dos quais será abordado ao longo desta obra. As pessoas bem-sucedidas asseguram que suas ações de curto prazo estejam sempre alinhadas com suas metas de longo prazo, constantemente exercitando a autodisciplina.

Talvez a palavra mais relevante na mentalidade de longo prazo seja *"sacrifício"*. Indivíduos excepcionais demonstram a capacidade de fazer sacrifícios ao longo da vida, sejam eles substanciais ou modestos, para garantir resultados e recompensas maiores no futuro.

Nota-se essa disposição para o sacrifício em pessoas que passam muitas e muitas horas (e até anos) se preparando, estudando e aprimorando suas habilidades com vistas a uma vida melhor no futuro, em vez de gastar a maior parte do tempo socializando e se divertindo no presente.

Nas palavras de Longfellow:

> "Aquelas alturas por grandes homens alcançadas e mantidas
> Não foram conquistadas por empreendimentos repentinos.
> E, sim, enquanto seus companheiros dormiam,
> Na noite, lutavam por seus destinos".

Sua capacidade de pensar, planejar e trabalhar duro no curto prazo e de se disciplinar a fazer o que é correto e necessário antes de fazer o que é divertido e fácil é a chave para construir um futuro extraordinário para si mesmo.

Já sua capacidade de pensar no longo prazo é uma habilidade a ser desenvolvida. E, quanto melhor você fica nisso, mais hábil se tornará em prever com precisão o que acontecerá com você no futuro em decorrência de suas ações no presente. Eis uma das qualidades de um pensador excepcional.

Ganhos no presente, problemas no futuro

Existem duas leis das quais você pode se tornar vítima quando falha em praticar a autodisciplina. A primeira delas é conhecida como a *Lei das Consequências Não Intencionais*. Ela afirma que "as consequências não intencionais de uma ação podem ser significativamente mais graves do que as consequências intencionais desse comportamento, devido à falta de uma visão de longo prazo".

A segunda é a *Lei das Consequências Indesejadas*, que estabelece: "Uma ação de curto prazo, orientada pela busca de gratificação imediata, pode resultar em consequências indesejadas ou até opostas às que se pretendia alcançar".

Você pode, por exemplo, investir tempo, dinheiro ou envolvimento emocional com a intenção de melhorar sua qualidade de vida e, como resultado, até acabar se sentindo mais feliz. Acontece que, ao agir sem planejamento e sem a devida preparação, as consequências podem ser muito piores do que se você não tivesse feito absolutamente nada. Todos já passamos por uma experiência semelhante – e, com frequência, em mais de uma ocasião.

O denominador comum do sucesso

Herbert Grey, empresário, conduziu um extenso estudo ao longo de onze anos para identificar o que ele denomina o "denominador comum do sucesso". Após sua pesquisa, chegou à conclusão de que esse denominador se resume à seguinte observação: "Pessoas bem-sucedidas cultivam o *hábito* de realizar tarefas que as malsucedidas tendem a evitar".

E quais seriam essas tarefas? Bem, as coisas que as pessoas bem-sucedidas não gostam de fazer são as mesmas que as malsucedidas não gostam de fazer, também. Mas as primeiras as fazem de toda forma, pois sabem que esse é o preço a se pagar se querem desfrutar de recompensas e de um sucesso ainda maior no futuro.

Grey descobriu que, enquanto as pessoas bem-sucedidas estão focadas em "resultados satisfatórios", as malsucedidas priorizam "métodos satisfatórios". Pessoas bem-sucedidas se mostraram mais interessadas nas consequências positivas e de longo prazo de seus comportamentos; já as malsucedidas se concentravam na gratificação imediata e na satisfação pessoal.

O palestrante motivacional Denis Waitley certa vez afirmou que aqueles que estavam no topo eram os que davam mais importância a atividades voltadas à "conquista de metas", ao passo que sujeitos medianos estavam mais interessados em atividades "aliviadoras de tensão".

O jantar vem antes da sobremesa

A regra mais simples na prática da autodisciplina é: "o jantar vem antes da sobremesa". Em uma refeição, há uma ordem lógica em que os pratos são servidos, com a sobremesa vindo por último. Primeiro, come-se o prato principal; somente então vem a sobremesa.

Há um adesivo de carro divertido, mas enganoso, que diz: "A vida é curta. Comece pela sobremesa".

Agora, imagine só o que aconteceria se você chegasse em casa após um dia de trabalho e, em vez de desfrutar de um jantar saudável, se rendesse a uma enorme fatia de torta de maçã com sorvete? Depois disso, que apetite sobraria para os alimentos saudáveis, nutritivos? Com todo esse açúcar em seu estômago, como você se sentiria? Reenergizado e ávido por fazer algo produtivo? Ou fatigado, sem disposição e já dando o dia por encerrado?

O mesmo acontece quando você sai para tomar um drinque depois do trabalho e, ao chegar em casa, liga a TV. Trata-se de diferentes tipos de "sobremesa", que comprometem demais sua capacidade de aproveitar o restante do dia de maneira produtiva.

Talvez a pior parte de tudo isso seja que, ao repetir uma ação, em pouco tempo ela se tornará um *hábito*, e um hábito, uma vez criado, é difícil de ser desfeito. O hábito de tomar o caminho fácil, de buscar o que é divertido e prazeroso (ou de comer a sobremesa antes do jantar) vai se tornando cada vez mais forte, levando, inevitavelmente, ao marasmo, ao baixo desempenho e ao fracasso pessoal.

O hábito da autodisciplina

Felizmente, a disciplina é um hábito que pode ser cultivado. O ato de se autodisciplinar a fazer o que deve ser feito, no momento em que deve ser feito, independentemente de sentir vontade ou não, se fortalece à medida que você o pratica. No fim, você se recusará a dar desculpas.

Maus hábitos são fáceis de serem formados, mas difíceis de se conviver com eles. Já bons hábitos são difíceis de serem formados, mas fáceis de se conviver. Como bem disse Goethe: "Tudo é difícil antes de se tornar fácil".

Desenvolver os hábitos da autodisciplina e do autocontrole não é algo descomplicado, mas, uma vez estabelecidos, eles se tornam automáticos e simples de praticar. Quando esses hábitos se enraízam profundamente em seu comportamento, você passa a se sentir desconfortável ao agir com indisciplina.

O lado bom é: todos os hábitos podem ser aprendidos. Está ao seu alcance cultivar qualquer hábito necessário para se tornar a pessoa que deseja ser. Você pode se tornar uma pessoa excepcional ao praticar a autodisciplina sempre que necessário.

Quando você se disciplina em uma determinada área da vida, isso fortalece sua capacidade de ser disciplinado em outras áreas, também. Por outro lado, se falha em manter a disciplina em uma área, isso pode impactar negativamente sua autodisciplina em outras.

Para que se possa de fato desenvolver o hábito da autodisciplina, é preciso primeiramente tomar uma decisão, firme, em relação a como se comportar em determinado cenário. Você deverá então se recusar a abrir exceções, até que o hábito da autodisciplina esteja firmemente enraizado dentro de você. Lembre-se, a cada vez que escorregar – pois isso certamente acontecerá –, comprometa-se novamente a praticar a autodisciplina, até que agir de maneira disciplinada se torne mais fácil do que agir sem disciplina.

A grande recompensa

A recompensa por cultivar a autodisciplina é simplesmente extraordinária!

Existe uma relação direta entre a autodisciplina e a *autoestima*.

Quanto mais você pratica o autodomínio e o autocontrole, mais passa a gostar de si mesmo e a se valorizar.

Quanto mais você se disciplina, maior se torna seu senso de autorrespeito e orgulho pessoal.

Quanto mais você pratica a autodisciplina, melhor será a sua autoimagem. Você começa a se ver de maneira mais positiva, sente-se mais feliz e com uma sensação maior de poder pessoal.

O desenvolvimento e a manutenção do hábito da autodisciplina consistem em tarefas para toda a vida, uma batalha contínua. A tentação de seguir o Caminho da Menor Resistência e o Fator Conveniência estará sempre aí, rondando seus pensamentos. Essas distrações estão à espreita, sempre prontas para aproveitar qualquer oportunidade de desviar você para o que é divertido, fácil e sem importância, em vez de te levar a fazer o que é difícil, mas necessário e enriquecedor.

A autodisciplina é "*a chave-mestra das riquezas*", como bem nos ensina Napoleon Hill em seu *best-seller* homônimo. A autodisciplina, ainda, é a base para a autoestima, o autorrespeito e o orgulho pessoal. Ao desenvolvê-la, você garante que, com o tempo, superará todos os obstáculos em seu caminho e terá uma vida absolutamente maravilhosa.

A capacidade de exercitar a autodisciplina é a verdadeira razão pela qual algumas pessoas alcançam mais sucesso e felicidade do que outras.

Como este livro está estruturado

Nas páginas a seguir, descrevo as 21 áreas da vida nas quais a prática da autodisciplina é vital para que você alcance todo o seu potencial e realize tudo o que é possível em sua trajetória.

Este livro está dividido em três partes, para melhor leitura. A **Parte I**, intitulada "Autodisciplina e sucesso pessoal", é composta por sete capítulos, nos quais você descobrirá como liberar cada vez mais do seu potencial por meio da prática da autodisciplina em todas as áreas da vida pessoal e profissional. Isso abrange o estabelecimento de metas, a formação do caráter, a aceitação de responsabilidades, o fortalecimento da coragem e o apoio a todas as suas ações com persistência e determinação.

Já nos capítulos da **Parte 2**, você aprenderá como conquistar resultados extraordinários nas áreas de negócios, vendas e finanças pessoais. Entenderá por que e como a autodisciplina é essencial para se tornar um líder em sua área. Verá como administrar um negócio de maneira mais rentável, como vender mais, como investir com inteligência e como gerenciar seu tempo para obter os melhores resultados possíveis.

Por fim, nos setes capítulos da **Parte 3**, você aprenderá como aplicar o milagre da autodisciplina em sua vida pessoal. Descobrirá como praticar a autodisciplina nos campos da felicidade, da saúde, da boa forma, do matrimônio, da paternidade e da amizade, além de como alcançar a paz de espírito. Essa jornada permitirá que você melhore sua qualidade de vida e fortaleça seus relacionamentos em todas as dimensões da sua existência.

Em cada capítulo, mostrarei como você pode incorporar níveis elevados de autodisciplina e autocontrole em tudo o que faz.

Nas páginas a seguir, você aprenderá como assumir o controle total do seu desenvolvimento pessoal e profissional, tornando-se uma pessoa mais forte, feliz e autoconfiante em todos os aspectos da vida. Aprenderá a se livrar de velhos hábitos que podem estar limitando seu potencial e a cultivar novos hábitos que te ajudarão a alcançar qualquer meta que estabelecer para si. Aprenderá a dominar sua mente, suas emoções e seu futuro.

Ao dominar o poder da autodisciplina, você se tornará *insuperável*, como uma verdadeira força da natureza. Não haverá espaço para desculpas que impeçam seu progresso. Nos próximos meses e anos, você alcançará mais do que em toda a sua vida até agora.

PARTE I

Autodisciplina e sucesso pessoal

Seu sucesso na vida está mais ligado à pessoa que você se torna do que às coisas que faz ou adquire. Nas palavras de Aristóteles: "O objetivo último da vida é o desenvolvimento do caráter". Nos próximos capítulos, você descobrirá como desenvolver e aplicar a disciplina para se tornar uma pessoa excepcional. Descobrirá como cultivar a autoestima, o autorrespeito e o orgulho pessoal. Descobrirá as disciplinas necessárias para alcançar a grandeza pessoal e como incorporá-las ao seu caráter e à sua personalidade.

CAPÍTULO 1

Autodisciplina e sucesso

"Vencer a si próprio é a maior das vitórias."

Platão

Por que algumas pessoas conquistam tão mais em sua vida pessoal e profissional do que outras? Tal questionamento tem ocupado algumas das maiores mentes ao longo da história. Há mais de 2.300 anos, Aristóteles afirmou que o objetivo último da vida humana é ser feliz. E que a pergunta que cada um de nós deve fazer-se é: *"Como devemos viver para ser feliz?"*.

A capacidade de fazer essa pergunta a si mesmo e responder a ela corretamente – e, a partir daí, seguir a direção que essa resposta indicar – será, em grande medida, o que determinará se você alcançará a felicidade e quanto tempo isso levará.

Comecemos pela sua própria definição de sucesso. Como *você* o define? Se pudesse fazer um único pedido para tornar sua vida perfeita em todos os sentidos, como ela seria?

Descreva sua vida ideal

Se seu *negócio, trabalho e carreira* fossem ideais em todos os aspectos, como eles seriam? O que você estaria fazendo? Para qual tipo de empresa trabalharia? Que cargo ocuparia? Qual seria sua remuneração? Com que tipo de pessoa se relacionaria? E, principalmente, o que precisaria fazer de mais ou de menos para estabelecer uma carreira perfeita?

Se sua *vida familiar* fosse perfeita em todos os aspectos, como ela seria? Onde e como você viveria? Que estilo de vida adotaria? Que tipo de coisas gostaria de ter e quais atividades gostaria de fazer com seus familiares? Se pudesse fazer um pedido, sem limitações, de que maneira mudaria a sua vida familiar de hoje?

Se sua *saúde* fosse perfeita, como a descreveria? Como se sentiria? Quanto pesaria? Em que medida seu estado de saúde e condicionamento físico seriam diferentes do que são hoje? E, acima de tudo, que ações você poderia tomar imediatamente para começar a se aproximar dos seus níveis ideais de saúde e energia?

Se sua *situação financeira* fosse ideal, quanto você teria na sua conta bancária? Quanto estaria ganhando, mensal e anualmente, com seus investimentos? Se tivesse tanto dinheiro que jamais precisasse se preocupar com finanças novamente, quanto seria? Quais passos poderia dar, a partir de hoje, para chegar à sua vida financeira ideal?

Viva a sua verdade

Uma definição popular de sucesso é "ter a liberdade de viver a vida à sua maneira, fazendo apenas o que realmente quer, ao lado das pessoas que escolhe e nas circunstâncias que prefere".

Em todo caso, quando começa a definir o que "sucesso" significa para você, já é possível identificar imediatamente coisas que deveria fazer de mais ou de menos para começar a arquitetar a sua vida ideal. E o maior obstáculo que te impede de avançar em direção aos seus sonhos costuma estar nas desculpas habituais que dá a si mesmo e na falta de autodisciplina.

Logo, não se trata de você não saber *o que* fazer, mas, sim, de não ter a *disciplina* necessária para fazer o que precisa ser feito, queira você ou não.

Junte-se aos 20% no topo

Em nossa sociedade, 20% das pessoas com maior renda concentram 80% do dinheiro, desfrutando de 80% das riquezas e dos benefícios dele resultantes. Este "Princípio de Pareto" foi comprovado repetidamente desde sua formulação em 1895 por Vilfredo Pareto. Portanto, seu objetivo primeiro na carreira deve ser entrar para os 20% mais bem-sucedidos na área em que escolheu.

No século XXI, o conhecimento e a aptidão são altamente valorizados. Quanto mais conhecimento você adquire e maior a aptidão aplicada, mais competente e valioso se torna. E, à medida que se torna melhor no que faz, sua capacidade de gerar renda aumenta – como juros compostos.

Lamentavelmente, grande parte da população – os 80% que estão na base da pirâmide – pouco ou nenhum esforço faz para aprimorar suas habilidades. Segundo Geoffrey Colvin, em sua obra *Desafiando o Talento* (2009), a maioria das pessoas aprende suas funções no primeiro ano de emprego e, depois, nunca busca melhorar. Apenas aqueles que estão no topo de cada área se comprometem com a melhoria contínua.

Devido a essa crescente disparidade na capacidade produtiva, baseada em conhecimento, habilidades e trabalho árduo, o 1% mais rico dos Estados Unidos da América hoje controla até 33% dos ativos financeiros.

Começando sem nada

É interessante observar como quase todos começam da mesma maneira na vida: com pouco ou nada. Quase todas as fortunas nos Estados Unidos (assim como mundo afora) são de *primeira* geração. Isso significa que a maioria das pessoas iniciou sua jornada com recursos limitados, mas conseguiu conquistar tudo o que possui hoje.

Os indivíduos mais ricos dos Estados Unidos da América são quase todos multibilionários de primeira geração. É o caso de Bill Gates, Warren Buffett, Larry Ellison, Michael Dell e Paul Allen. Cerca de 80% dos milionários e multimilionários começaram com pouco dinheiro (muitas vezes sem nada) e por vezes até mesmo profundamente endividados e sem grandes vantagens na vida, como Sam Walton, que faleceu com uma fortuna de mais de US$100 bilhões. Por que essas pessoas conseguiram alcançar tanto quando tantas outras conseguiram tão pouco?

Em *O milionário mora ao lado*, Thomas Stanley e William Danko entrevistaram mais de quinhentos milionários e pesquisaram a respeito da história de mais de onze mil deles ao longo de um período de vinte e cinco anos. Os autores questionaram esses indivíduos sobre o que eles acreditavam ter contribuído para alcançar a independência financeira, especialmente em um contexto em que muitos ao seu redor, que partiram do mesmo ponto, ainda lutavam para fazê-lo. Cerca de 85% dessa nova geração de milionários respondeu algo como: "Não é que eu tenha tido uma educação melhor ou que eu tenha mais inteligência. O que realmente fez a diferença foi minha disposição para trabalhar *mais duro* do que qualquer outro".

Trabalho duro é a palavra-chave

O pré-requisito fundamental para o trabalho duro é a autodisciplina. O verdadeiro sucesso só é alcançado quando conseguimos superar nossa tendência natural de buscar atalhos e optar pelo caminho mais fácil. O sucesso duradouro só é possível a partir do momento em que você se disciplina a trabalhar duro e por um longo, longo tempo.

Como mencionei na Introdução, eu mesmo comecei a vida sem dinheiro ou vantagens. Por anos, trabalhei como operário, ganhando apenas o suficiente para sobreviver de salário em salário. Topei com o setor de vendas quando não conseguia mais encontrar trabalhos braçais e patinei por vários meses, até começar a me perguntar: "Por que algumas pessoas são tão mais bem-sucedidas nas vendas do que outras?".

Certo dia, um dos melhores vendedores que eu conhecia me disse que os 20% dos vendedores mais bem-sucedidos são responsáveis por 80% das vendas. Eu nunca tinha ouvido essa informação antes. Isso significava que os outros 80% precisavam se contentar com os 20% restantes, ou seja, com o que sobrava depois que os melhores levavam a maior parte. Foi naquele momento que decidi: eu me tornaria parte dos 20% mais bem-sucedidos. E essa decisão mudou a minha vida.

A Grande Lei

Tomei, então, conhecimento da "Lei de Ferro do Universo", que tornava possível fazer parte dos 20% mais bem-sucedidos. Tratava-se da Lei de Causa e Efeito, ou do plantar e colher. Tal lei afirma que "para cada efeito há uma causa específica ou uma série de causas".

Essa lei estabelece que, para alcançar o sucesso em uma área, é necessário primeiro identificar como esse sucesso é obtido e, em seguida, praticar as competências e atividades requeridas, de maneira contínua, até que se atinjam os mesmos resultados.

Eis a regra: "Se *fizer* o que outras pessoas bem-sucedidas fazem, repetidamente, nada impedirá você de em algum momento desfrutar das mesmas recompensas de que elas desfrutam. Contudo, se *não fizer* o que as pessoas bem-sucedidas fazem, nada poderá te ajudar".

A Lei da Semeadura, originária do Velho Testamento, é uma variação da Lei de Causa e Efeito e afirma: "Pois o que o homem semear, isso também colherá". Tal lei diz que o que você investe é o que recebe em retorno e o que colhe hoje é resultado do que plantou no passado. Portanto, se não está satisfeito com sua "colheita" atual, cabe a você, a partir de agora, semear uma *nova* colheita. Comece a fazer mais das coisas que levam ao sucesso e pare de se envolver em atividades que não levam a lugar nenhum.

O sucesso é previsível

O sucesso não é um acaso; tampouco, infelizmente, o fracasso. Você tem êxito quando faz o que outras pessoas bem-sucedidas fazem, sistematicamente, até que tais comportamentos se tornem um hábito. Da mesma maneira, você fracassa quando não faz o que as pessoas bem-sucedidas fazem. Em ambos os casos, a natureza é *neutra*. A natureza não toma partido. A natureza não se importa. O que acontece com você é apenas resultado da Lei de Causa e Efeito.

Encare-se como uma máquina, dotada de um mecanismo padrão. Esse mecanismo padrão é a atração quase irresistível pelo Fator Conveniência e pelo Caminho da Menor Resistência, conforme descrito na Introdução. Na ausência de autodisciplina, esse mecanismo padrão é automaticamente acionado, sendo a principal causa do baixo desempenho e da incapacidade de alcançar seu verdadeiro potencial. Quando você não está trabalhando *de maneira deliberada, consciente e contínua* a fazer, ser e ter aquilo que constitui o sucesso na sua visão, seu mecanismo padrão entra em ação. E é quando você acaba se entregando àquelas outras coisas – divertidas, fáceis e de baixo valor no curto prazo, que, no longo prazo, levam à frustração, a preocupações financeiras e ao fracasso.

Os segredos para o sucesso

O magnata do petróleo H. L. Hunt, que chegou a ser o bilionário de primeira geração mais rico do mundo, certa vez foi questionado por um jornalista televisivo sobre seu "segredo para o sucesso", ao que Hunt respondeu: "Há apenas três requisitos para o sucesso. Primeiro, defina com clareza o que deseja na vida. Segundo, determine o preço que terá de pagar para conseguir o que quer. Terceiro, e mais importante, esteja disposto a pagar esse preço".

Um dos requisitos mais importantes para o sucesso, após definir o que deseja, é a disposição. Pessoas bem-sucedidas estão dispostas a pagar o preço, seja ele qual for, e por quanto tempo for, até que tenham alcançado os resultados almejados.

Todos querem ter sucesso. Todos querem ser saudáveis, felizes, esbeltos e ricos. Mas a maioria das pessoas não está disposta a pagar o preço. Podem até estar dispostas a arcar com *parte* do custo, mas não com o custo *total*. Estão sempre se contendo. Sempre dando alguma desculpa ou justificativa por não se disciplinar a fazer o que é necessário para alcançar suas metas.

Pague o preço

Como saber se você pagou o preço total do sucesso? Simples: olhe à sua volta! Seu estilo de vida atual e o saldo da sua conta bancária refletem exatamente o quanto você já investiu. Segundo a Lei da Correspondência, seu mundo exterior funciona como um espelho, refletindo quem você é e o preço que escolheu pagar *internamente*.

Há um aspecto interessante relativo ao preço do sucesso: ele sempre deve ser pago integralmente – e *adiantado*. O sucesso, seja como for que o defina, não é como um restaurante onde se paga após desfrutar da refeição. É mais como uma cafeteria, onde você pode escolher o que quiser, mas deverá pagar antes de consumir.

Como afirma o palestrante motivacional Zig Ziglar: "O elevador para o sucesso está fora de serviço, mas as escadas estão sempre disponíveis".

Aprenda com quem entende do assunto

Kop Kopmeyer, mencionado na Introdução deste livro, também me disse que o segundo princípio mais importante para o sucesso, logo após a autodisciplina, é que se deve "aprender com quem entende do assunto. Você nunca terá tempo suficiente para aprender tudo por conta própria".

Se deseja ser bem-sucedido, sua primeira tarefa é aprender o que precisa ser aprendido para alcançar o sucesso almejado. Aprenda com quem entende do assunto. Leia os livros dessas pessoas. Ouça seus programas educativos. Frequente seus seminários. Escreva para elas ou mesmo peça-lhes conselhos pessoalmente. Por vezes, uma única ideia é tudo de que você precisa para mudar, radicalmente, de direção na vida. A seguir, um exemplo do que quero dizer:

> Há alguns anos, fui indicado por um amigo a um excelente dentista. Descobri depois tratar-se de um profissional com reputação impecável. Era conhecido como "o dentista dos dentistas", ou seja, o dentista que os outros dentistas procuravam quando precisavam de um atendimento de excelência. À época, ele compartilhou comigo que participava de todas as conferências odontológicas que conseguia. E, quando lá estava, assistia a todas as palestras, ouvindo dentistas de todo o país e de todo o mundo discutirem os grandes avanços na tecnologia dental.
>
> Em uma ocasião, ele, com grande sacrifício de tempo e dinheiro, conseguiu participar de uma conferência internacional em Hong Kong. Durante o evento, teve a oportunidade de assistir à palestra de um dentista japonês que havia desenvolvido uma nova tecnologia na área de cirurgia dental estética. Essa inovação não apenas melhorava a aparência dos dentes, mas também proporcionava às pessoas um sorriso atraente por tempo indeterminado.

Ele voltou para San Diego e imediatamente começou a aplicar a nova técnica. Logo se tornou um especialista na área, conquistando reconhecimento nacional. Em poucos anos, pessoas de todo o sudoeste dos Estados Unidos passaram a frequentar seu consultório em busca desse tratamento inovador. Com sua crescente expertise, conseguiu aumentar seus honorários de maneira constante. Em dado momento, havia acumulado tanto dinheiro que se aposentou aos cinquenta e cinco anos, financeiramente independente e, dessa maneira, teve a oportunidade de passar o restante da vida com a família, viajando e realizando seus sonhos.

A moral dessa história é que, ao buscar continuamente ideias e conselhos de outros especialistas em sua área, ele acabou por descobrir uma tecnologia inovadora que o ajudou a se tornar um líder em seu setor, economizando dez anos de trabalho árduo para alcançar o mesmo nível de sucesso financeiro. O mesmo pode acontecer com você, desde que se dedique a ser um aprendiz perpétuo do seu ofício.

A importância de *manter* a saúde física e mental

Buscar o sucesso é como manter a boa forma física. É como tomar banho, escovar os dentes e comer. É algo que você precisa fazer com regularidade, todos os dias. E, uma vez que você começa, nunca deve parar, até que sua vida e carreira estejam em sua plenitude e você tenha alcançado todo o sucesso que deseja.

Não muito tempo atrás, eu estava apresentando um seminário em Seattle e, pouco antes do intervalo, incentivei os participantes a adquirir e ouvir meus programas educativos sobre vendas, gerenciamento de tempo e sucesso pessoal. Durante o intervalo, várias pessoas me abordaram para tirar dúvidas relativas ao conteúdo do seminário. Um vendedor tomou a frente e disse: "A partir do momento em que você encoraja as pessoas a comprarem seus programas, deveria contar a verdade a elas".

Curioso, questionei: "Como assim?".

Ele respondeu: "Você não está contando toda a verdade sobre seus programas. Deveria dizer às pessoas que eles só funcionam por um certo período e depois deixam de funcionar".

Insisti: "Como assim?".

Ele falou: "Participei de um seminário seu uns cinco anos atrás e saí completamente convencido da sua apresentação. Comprei todos os seus programas e comecei a ouvi-los. Lia sobre vendas todos os dias. E você estava certo: nos três anos seguintes, tripliquei minha renda e me tornei o melhor vendedor da empresa. Mas acontece que minha renda estagnou e não aumentou mais nos últimos dois anos. A verdade é que seus materiais deixam de funcionar depois de um certo ponto".

Mantive o tom inquisitivo: "O que você fez de diferente dois anos atrás, quando sua renda estagnou e parou de crescer?".

Ele buscou na memória, refletiu por um momento e então disse: "Bem, eu estava vendendo tanto que fui contratado por outra empresa, mas, desde que comecei no novo emprego, minha renda permaneceu a mesma".

Fiz outra pergunta: "O que você passou a fazer de diferente no novo trabalho em comparação com o anterior?".

O homem começou a responder, mas logo se interrompeu. Uma expressão de choque surgiu em seu rosto. Finalmente, ele disse: "Meu Deus! Eu parei de fazer o que estava fazendo! Quando mudei de emprego, parei de ler sobre vendas. Parei de ouvir os programas. Parei de participar de seminários. Eu simplesmente parei de fazer tudo".

Ele se afastou, balançando a cabeça e murmurando para si mesmo: "Eu parei. Parei de fazer tudo. Parei de fazer tudo".

Tornar-se um *expert* em uma área, aprimorando continuamente suas habilidades – assunto que abordarei no Capítulo 5 –, é como manter a boa forma física. Se você parar de se exercitar por um tempo, não conseguirá manter seu condicionamento no mesmo nível. Você começa a decair. Seu corpo e seus músculos ficam mais flácidos, mais fracos. Você perde força, flexibilidade e resistência. Para mantê-los, é preciso se dedicar a essa atividade todos os dias, todas as semanas e todos os meses.

Seja tudo o que pode ser

Há uma razão ainda mais importante para praticar a autodisciplina, que te conduzirá ao grande sucesso vislumbrado em seu horizonte: trata-se de um exercício cujo efeito sobre a mente e as emoções é extremamente poderoso, moldando você em uma versão muito diferente daquela que seria sem esse comprometimento.

Imagine-se em um laboratório de química. Você mistura uma série de produtos químicos em uma placa de Petri e a coloca sobre um bico de Bunsen. O bico de Bunsen aquece os produtos químicos até o ponto em que eles se cristalizam e se tornam sólidos. Contudo, uma vez que esses produtos químicos foram cristalizados com calor intenso, já não podem ser transformados de volta em sua forma líquida.

Da mesma maneira, sua personalidade começa como um líquido: difusa, fluida, disforme. No entanto, à medida que você aplica o calor da autodisciplina, esforçando-se para fazer o que é difícil e necessário, em vez do que é divertido e fácil, sua personalidade se cristaliza e se solidifica em um nível mais elevado.

O maior benefício obtido ao exercer autodisciplina na busca de metas é que você se torna uma pessoa diferente, mais resistente, resoluta. Desenvolve mais autocontrole e determinação. A autodisciplina molda e fortalece sua personalidade, fazendo que se torne uma versão melhor de si.

A regra é: "para se tornar alguém que nunca foi antes, você deve fazer algo que nunca fez antes". E o que isso significa? Significa que, para desenvolver um caráter superior, você deve exercer níveis cada vez mais altos de autodisciplina e autocontrole sobre si. Você deve fazer as coisas que as pessoas comuns não gostam de fazer.

Outro princípio do sucesso é que, "para alcançar algo que nunca alcançou antes, é preciso aprender e praticar qualidades e competências que ainda não possui".

Como dito, ao praticar a autodisciplina, você se transforma em uma nova pessoa. Um indivíduo melhor, mais forte e com uma identidade mais claramente definida. Desenvolve níveis mais altos de autoestima, autorrespeito e orgulho pessoal. Eleva-se na escala da evolução humana, tornando-se uma pessoa de caráter e determinação superiores.

O sucesso é a recompensa por si só

Algo fascinante sobre alcançar o sucesso é que cada esforço na sua jornada é, por si só, recompensador. A cada avanço no caminho de se tornar uma pessoa melhor e alcançar mais do que se imaginava, experimentamos felicidade, confiança e um profundo senso de realização.

Talvez você já tenha ouvido a expressão "nada tem mais sucesso que o sucesso". Isso significa que a maior recompensa do sucesso *não é o dinheiro que você ganha, mas, sim, a pessoa excepcional que você se torna* no processo de lutar pelo sucesso e exercitar a autodisciplina sempre que necessário.

No próximo capítulo, explicarei como você pode tornar-se a pessoa verdadeiramente excelente que é capaz de se tornar.

Exercícios práticos

Pegue uma caneta agora mesmo e escreva suas respostas às perguntas a seguir.

1. Se sua vida profissional e carreira fossem ideais, como elas seriam? Que disciplina você poderia desenvolver que ajudaria a alcançá-las?
2. Se sua vida familiar fosse ideal, como ela seria e que disciplina ajudaria você a torná-la realidade?
3. Se sua saúde fosse perfeita de todas as formas, quais disciplinas você teria para tornar isso possível?
4. Se sua situação financeira fosse ideal hoje, qual disciplina seria a mais importante para você?
5. Por que ainda não obteve tanto êxito quanto gostaria e qual disciplina te ajudaria mais a alcançar todos os seus objetivos?
6. Qual habilidade poderia desenvolver que ajudaria você a realizar mais de seus objetivos?
7. Se pudesse ter um pedido realizado para ser completamente disciplinado em uma área, qual disciplina teria o maior impacto positivo em sua vida?

CAPÍTULO 2

Autodisciplina e caráter

"Exija de si mesmo um padrão mais elevado do que qualquer outra pessoa poderia esperar. Não se justifique. Não se permita autocomiseração. Seja rigoroso consigo e compreensivo com os outros."

– Henry Ward Beecher, clérigo do século XIX

Fortalecer o caráter é um dos grandes propósitos da vida, e a capacidade de desenvolver uma reputação como indivíduo de caráter e honra será um de seus maiores feitos sociais e profissionais. Ralph Waldo Emerson escreveu: "Suas ações falam tão alto que não consigo ouvir o que você diz".

A pessoa que você é hoje, seu caráter mais íntimo, reflete a soma de todas as suas escolhas e decisões ao longo da vida. A cada vez que fez escolhas corretas e agiu de maneira coerente com o que sabia ser o melhor, você fortaleceu seu caráter e evoluiu como indivíduo. O inverso também se aplica: sempre que cedeu, optou pelo caminho mais fácil ou agiu de modo incoerente com o que sabia ser certo, enfraqueceu seu caráter e tornou sua personalidade menos firme.

As grandes virtudes

Uma série de virtudes costuma ser associada a uma pessoa de caráter. Entre elas, destacam-se a coragem, a compaixão, a generosidade, a temperança, a persistência e a cordialidade. Na Parte 3 deste livro, exploraremos algumas delas. No entanto, existe um valor primordial que precede todos os outros na definição da força e da profundidade de um caráter: a *integridade*.

É o grau de integridade que você demonstra, expresso na sinceridade consigo mesmo e com os outros, que mais reflete a qualidade do seu caráter. De certa forma, a integridade serve como a fundação que sustenta todos os outros valores. Quando sua integridade é sólida, você tende a ser mais leal aos seus princípios e a viver de maneira coerente com os valores que preza.

Contudo, é preciso tremenda autodisciplina para tornar-se uma pessoa de caráter, assim como é preciso grande força de vontade para sempre fazer "a coisa certa", independentemente das circunstâncias. E tanto a autodisciplina quanto a força de vontade são indispensáveis para resistir à tentação de pegar atalhos, de seguir o caminho mais fácil ou de agir buscando ganhos imediatos.

A vida é um perpétuo *teste*, projetado para avaliar a essência do que você realmente é. A *sabedoria* pode ser cultivada em momentos de introspecção, por meio de estudos e reflexões, mas o *caráter* se forma nas interações cotidianas, quando se é desafiado a decidir e a escolher entre diferentes possibilidades e tentações.

O teste de caráter

É somente quando você se vê sob pressão – quando é desafiado a escolher entre um caminho e outro, a decidir entre viver de acordo com um valor ou abdicar dele – que seu verdadeiro caráter se revela. Emerson também disse: "Guarde a integridade como algo sagrado; no fim, nada é sagrado, exceto a integridade de sua mente".

Você é um "ser de escolhas". Está constantemente fazendo escolhas, de uma forma ou de outra. E cada escolha feita é uma afirmação dos seus verdadeiros valores e prioridades. A todo instante, você escolhe o que é mais importante ou de mais valor para você em relação ao que é menos importante ou de menor valor.

O caráter é o único alicerce capaz de resistir à tentação, ao Caminho da Menor Resistência e ao Fator Conveniência. É também a base indispensável para exercer a força de vontade necessária ao escolher o que é certo e essencial, em vez do que é fácil e confortável.

A grande recompensa

A recompensa por se tornar uma pessoa de caráter, por exercer sua força de vontade e autodisciplina para viver em conformidade com o que considera ser o melhor é imensa.

Ao optar pelo valor mais elevado em vez do mais raso, pelo caminho mais desafiador em vez do mais fácil e pelo que é certo em vez do errado, você fortalece sua autoestima. Sentir-se bem consigo mesmo, respeitar suas próprias escolhas e cultivar um profundo senso de orgulho pessoal tornam-se consequências naturais dessas decisões.

Além de se sentir excelente consigo mesmo ao agir com caráter, você conquista o respeito e a estima de todos ao seu redor. As pessoas passarão a admirá-lo. As portas se abrirão e os outros estarão dispostos a ajudar. Você será mais bem remunerado, promovido mais rapidamente e atribuído a responsabilidades ainda maiores. Ao se tornar uma pessoa de honra e caráter, as oportunidades se multiplicarão.

Em contrapartida, pode-se ter toda a inteligência, o talento e a competência do mundo, mas, sem a confiança das pessoas, você jamais conseguirá crescer na vida. Elas não o contratarão em suas empresas (e, se o fizerem, o demitirão na primeira oportunidade). As instituições financeiras não lhe emprestarão dinheiro. Como afirma o ditado, "os iguais se reconhecem e se atraem". Assim, as únicas pessoas com quem você se associará (e que nunca serão verdadeiros amigos) serão aquelas de caráter questionável.

O desenvolvimento do caráter

Aristóteles afirmou: "Todo avanço na sociedade começa com o desenvolvimento do caráter dos jovens". Isso quer dizer que o crescimento pessoal de cada indivíduo se inicia pelo aprendizado e pela prática de valores fundamentais.

É possível aprender valores de três maneiras principais: instrução, estudo e prática. Vamos analisar cada uma delas com mais detalhes.

Ensine valores aos seus filhos. Um dos principais papéis dos pais é transmitir valores aos filhos, o que requer paciência e orientações contínuas à medida que eles crescem. Uma única conversa nunca é suficiente. O valor – e a importância de viver com base nesse valor – precisa ser reiterado. Os pais devem não apenas dar exemplos, mas também contrastar a prática de um valor, especialmente o da honestidade, com seu oposto, como mentir ou contar meias-verdades.

As crianças são altamente influenciadas pelas lições transmitidas por pessoas importantes em sua vida durante o crescimento. Aceitam o que os pais dizem como uma verdade absoluta e absorvem essas palavras como esponjas. É como se os valores ensinados fossem gravados em suas almas, que se assemelham a uma argila moldável. Assim, o que você transmite se torna uma parte permanente da maneira como elas percebem o mundo e se relacionam com a vida.

Mais do que qualquer outra coisa, como veremos no Capítulo 19, você demonstra seus valores por meio do comportamento. Seus filhos o observarão atentamente e se esforçarão para emular os valores que você não apenas ensina, mas também pratica. E eles estão sempre atentos às suas ações.

As crianças da família Rockfeller ficaram conhecidas por terem sido ensinadas sobre valores financeiros desde cedo. Mesmo seu pai sendo um dos homens mais ricos dos Estados Unidos, as crianças eram incumbidas de lições e tarefas antes de receberem suas mesadas. Também tinham orientações sobre como administrar esse dinheiro: quanto poupar, quanto doar à caridade e quanto investir. Como resultado, cresceram e se tornaram estadistas e empresários de sucesso, em contraste com outras crianças que cresceram em lares abastados, mas receberam pouca ou nenhuma instrução financeira.

Estude os valores que admira. Valores são adquiridos quando analisados cuidadosamente. A Lei da Concentração afirma que "aquilo sobre o que você se detém cresce e se intensifica em sua vida". Em outras palavras, quando você se dedica a ler e a estudar histórias de homens e mulheres que demonstraram os valores que você admira e respeita e, em seguida, reflete sobre suas narrativas, esses valores tendem a se enraizar em sua mente. Uma vez "programados" no seu subconsciente, eles criam uma predisposição em você para agir de acordo com eles sempre que a situação exigir.

No treinamento militar, por exemplo, os soldados estão sempre ouvindo relatos de coragem, obediência, disciplina e da importância de apoiar os companheiros. Quanto mais eles ouvem essas histórias, ponderam a respeito delas e as discutem, mais é provável que se comportem de maneira consistente com esses valores diante da pressão de um combate real.

A virtude central do caráter é a *verdade*. Sempre que você fala a verdade, independentemente do quão inconveniente isso possa ser, sente-se melhor consigo mesmo e conquista o respeito daqueles ao seu redor. Uma das maiores honras que você pode conceder a alguém é dizer que "essa pessoa sempre fala a verdade".

Emule o comportamento das pessoas que você mais admira. Muito do seu caráter é moldado pela influência das figuras que você mais respeita, sejam elas contemporâneas ou históricas. Quem são elas? Ao revisar sua vida e história, faça uma lista das pessoas que mais admira e, ao lado do nome delas, anote as virtudes ou valores que elas representam para você.

Se você pudesse passar uma tarde com qualquer pessoa, viva ou morta, quem seria? Por que a escolheria? Sobre o que conversariam ao longo dessa tarde juntos? Que perguntas você faria ou o que gostaria de aprender com ela?

Considere também o seguinte: por que essa pessoa gostaria de passar uma tarde com *você*? Quais são as virtudes e os valores que você cultivou e que fazem de você alguém interessante e de valor? O que te torna especial?

Pratique os valores que você respeita. Você forma seus valores ao colocá-los em prática sempre que necessário. Como afirmou o filósofo estoico romano Epiteto: "As circunstâncias não fazem o homem, apenas o revelam a si mesmo". Diante de um problema, as pessoas costumam reagir automaticamente, fundamentando-se nos valores mais nobres que têm cultivado.

Desenvolvemos nossos valores por meio da *repetição*, ao adotarmos comportamentos consistentes, ligados a um valor específico, até que se tornem hábitos. Homens e mulheres com caráter bem formado agem em conformidade com seus valores mais nobres, sem hesitação alguma. Não há dúvida em sua consciência sobre estarem ou não fazendo a coisa certa.

A estrutura da personalidade

A *psicologia* do caráter abrange três dimensões da personalidade: o eu ideal, a autoimagem e a autoestima.

O eu ideal. O eu ideal é aquela parte da mente que abriga valores, virtudes, ideais, objetivos, aspirações, bem como a ideia que tem da melhor versão de si mesmo. Em resumo: seu eu ideal é a soma dos valores que você mais admira nos outros e mais aspira possuir você mesmo.

A essência do seu eu ideal está encapsulada na palavra "clareza". Indivíduos virtuosos têm uma compreensão precisa da sua identidade e dos valores que sustentam. Não se deixam confundir ou hesitar; são firmes e decididos em relação a qualquer decisão relacionada aos seus princípios.

Em contrapartida, indivíduos fracos e irresolutos são confusos e pouco claros quanto a seus valores. Têm apenas uma vaga noção do que é certo ou errado. Como consequência, tendem a optar pelo caminho mais fácil, agindo de maneira conveniente e buscando soluções rápidas para suas necessidades imediatas, sem considerar as repercussões de suas ações.

A evolução do caráter. A evolução do caráter pode ser comparada à categorização de seres vivos na biologia, em que a complexidade aumenta gradualmente. Assim como a vida se desenvolve do plâncton unicelular para formas mais sofisticadas, os seres humanos também podem ser organizados em um espectro que vai do menos ao mais desenvolvido. No extremo inferior, encontramos indivíduos que carecem de valores, virtudes ou um caráter sólido. Eles agem impulsivamente, priorizando a conveniência e optando pela via direta para alcançar uma gratificação imediata.

Já nos níveis mais altos de desenvolvimento da raça humana, encontramos homens e mulheres de completa integridade. Esses indivíduos não comprometeriam sua honestidade ou seu caráter por nada neste mundo. Mesmo diante de ameaças de perdas financeiras, dor ou até mesmo morte, permanecem firmes em suas convicções.

George Washington é amplamente reconhecido por sua honestidade, um valor que se reflete em uma famosa história da infância em que, ao ser questionado pelo pai, admitiu ter cortado a cerejeira da família. Da mesma forma, os fundadores dos Estados Unidos demonstraram um comprometimento profundo com seus princípios ao assinarem a Declaração de Independência, anunciando: "Comprometemo-nos com nossa vida, nossa fortuna e nossa honra sagrada".

Em seu livro *Confiança: as virtudes sociais e a criação da prosperidade*, o filósofo Francis Fukuyama observou que as sociedades mundo afora podem ser divididas em dois tipos: as de "alta confiança" e as de "baixa confiança". Fukuyama argumenta que as sociedades de mais alta confiança – aquelas nas quais a integridade é mais admirada, encorajada e respeitada – são também as mais obedientes à lei, livres e prósperas.

No outro extremo do espectro social, porém, estão as sociedades caracterizadas por tirania, roubos, desonestidade e corrupção. Todas elas são, sem exceção, tanto antidemocráticas quanto economicamente desfavorecidas.

A confiança é a chave. A confiança é o combustível das relações humanas. Onde a confiança entre as pessoas é alta, a economia floresce e há oportunidades para todos. Em contraste, onde há baixa confiança, os recursos econômicos acabam sendo desperdiçados em tentativas de proteção contra roubos e corrupção – ou, ainda, esses recursos não estão nem mesmo disponíveis.

Nos Estados Unidos, a Constituição e a Declaração de Direitos estabelecem as regras que seus cidadãos aceitam seguir. Tais documentos estruturam o governo e garantem os direitos dos cidadãos. No entanto, partem do pressuposto de que os próprios representantes eleitos serão pessoas honradas, dedicadas a proteger e defender esses direitos. Visam a garantir que apenas homens e mulheres de caráter possam prosperar no longo prazo nos sistemas econômico, político e social, assegurando que, na maioria das vezes, somente pessoas de caráter alcancem posições de destaque na sociedade.

Embora o sistema não seja perfeito e, ocasionalmente, pessoas de caráter duvidoso cheguem a posições de destaque, raramente permanecem nelas por muito tempo. A demanda elementar dos norte-americanos por honestidade e integridade acaba por expor e condenar aqueles que agem de maneira desonesta. A exigência por homens e mulheres de caráter continua firme e inabalável.

Sua autoimagem: o espelho interior. A segunda dimensão da sua personalidade é a autoimagem – a forma como nos enxergamos e pensamos sobre nós mesmos, especialmente antes de momentos que consideramos decisivos. As pessoas costumam agir externamente conforme se veem internamente. Tal dinâmica é com frequência chamada de nosso "espelho interior", no qual refletimos antes de agir.

Quando você se enxerga como uma pessoa serena, verdadeira e de caráter elevado, seu comportamento transmite essa força e esse poder pessoal. Os outros passam a te respeitar mais, e você, a se sentir no controle de si mesmo e das circunstâncias ao seu redor.

Sua autoestima: o quanto você gosta de si. A terceira dimensão da personalidade é a autoestima, que se refere ao modo como você se sente em relação a si mesmo, ao seu núcleo emocional. Embora seja frequentemente definida como "o quanto você gosta de si", a autoestima vai além disso. Quanto mais você se reconhece como uma pessoa de valor, mais positivo e otimista se torna. Quando verdadeiramente se considera importante, tende a tratar os outros da mesma forma.

A autoestima é, em grande parte, determinada pela consistência entre a autoimagem, que molda o comportamento, e o ideal de si, ou seja, a visão da melhor versão possível de quem você pode ser.

Ao agir em consonância com a sua visão do que define uma pessoa excepcional, sua autoimagem melhora e sua autoestima se eleva. Você passa a se gostar mais, a se respeitar mais, e, quanto mais se aprecia, mais valoriza as pessoas ao seu redor; elas, como consequência, tendem a retribuir essa apreciação.

Seja consistente

Como dissemos, sempre que age de maneira consistente com seus valores, você se sente bem consigo mesmo. O contrário também acontece. Quando compromete seus valores, por qualquer motivo, acaba se sentindo mal consigo mesmo, algo que afeta diretamente sua autoconfiança e autoestima, fazendo com que se sinta desconfortável, inferior, inadequado.

Quase todos os problemas podem ser resolvidos ao nos reconectarmos com nossos valores mais elevados e nossas convicções mais profundas. Ao olhar para o passado, é provável que você identifique momentos em que comprometeu seus valores para, por exemplo, economizar em um investimento, manter um emprego, preservar um relacionamento ou sustentar uma amizade. Em cada um desses casos, é provável que a sensação de desconforto tenha aumentado até que, finalmente, você tenha decidido encerrar a situação e se afastar.

E como se sentiu quando, enfim, teve a força de caráter necessária para se afastar? Incrível! Sempre que usa sua força de caráter para se reconectar aos valores que lhe são mais caros, você é recompensado com um maravilhoso sentimento de felicidade e entusiasmo. Você se sente energizado, como se tivesse sido libertado. E, inevitavelmente, questiona-se: por que não tomei essa decisão antes?

Faça a coisa certa

No desenvolvimento do caráter, que é fundamentado na autodisciplina e na força de vontade, o pensamento de longo prazo é crucial. Ao considerar as consequências futuras de suas ações, maiores são as chances de tomar a decisão certa no presente. Por isso, sempre que estiver diante de uma escolha ou decisão, pergunte a si mesmo: "O que realmente importa?".

Pratique a máxima de Immanuel Kant: "Aja de tal forma que sua ação possa ser considerada lei universal".

Uma das grandes questões para o desenvolvimento do caráter é: "Que tipo de mundo seria este se todos os que nele vivessem fossem como *eu*?".

Sempre que cometer um deslize, sempre que agir ou falar algo em desacordo com seus valores, imediatamente "ponha-se de pé". Diga a si mesmo: "Isso não me define!" e comprometa-se a fazer melhor da próxima vez.

O que você cultiva se expande

Se, hoje, você se encontra em uma situação em que não está vivendo conforme seus valores, tome uma decisão, neste exato momento, de enfrentar essa situação e resolvê-la. No instante em que fizer isso, voltará a se sentir feliz e no controle.

> Há uma antiga história indígena em que um ancião dizia: "Em meus ombros habitam dois lobos. Um é um lobo maligno, sempre me tentando a fazer e a dizer coisas vis. No meu outro ombro está um lobo que me encoraja a viver com o que há de melhor em mim".
>
> Uma pessoa que ouvia o velho então lhe perguntou: "Qual desses lobos tem mais poder sobre o senhor?"
>
> O velho respondeu: "Aquele que eu alimento".

Segundo a Lei da Concentração, o que você escolhe focar se torna mais presente e poderoso em sua vida. Quando pensa e fala sobre as virtudes e os valores que mais admira e respeita, você os grava em seu subconsciente de tal maneira que eles passam a influenciar automaticamente suas ações.

Sempre que exercita a autodisciplina e a força de vontade para alinhar sua vida aos valores pelos quais deseja ser reconhecido, você avança a passos largos em direção a se tornar uma pessoa excepcional.

Exercícios práticos

Pegue um pedaço de papel e escreva suas respostas para as seguintes perguntas:

1. Nomeie três figuras, históricas ou contemporâneas, que você mais admira e descreva uma qualidade de cada uma delas que você respeita.
2. Determine a virtude ou a qualidade mais importante em sua vida, aquela que você mais se esforça para praticar ou que admira em outras pessoas.
3. Identifique as situações nas quais você se sente mais confiante e como a melhor pessoa que pode ser.
4. Quais situações mais lhe proporcionam autoestima e valorização pessoal?
5. Se você já fosse excelente em todos os aspectos, como se comportaria de maneira diferente a partir de hoje?
6. Qual qualidade gostaria que as pessoas associassem ao seu nome, e o que você pode fazer para garantir que isso aconteça?
7. Em que área você sente que precisa ser mais verdadeiro e buscar uma postura de integridade ainda mais firme?

CAPÍTULO 3

Autodisciplina e responsabilidade

"O indivíduo que deseja chegar ao topo precisa valorizar o poder e a força do hábito. Precisa ser ágil para abandonar os que o prejudicam e receptivo aos que o ajudarão a alcançar o sucesso almejado."

–J. Paul Getty

A capacidade de se disciplinar e a disposição para assumir a responsabilidade pela própria vida são fundamentais quando falamos em felicidade, saúde, realização e liderança pessoal. Aceitar essa responsabilidade é uma das disciplinas mais desafiadoras; sem ela, contudo, nenhum sucesso é possível. Em contraste, a falta de responsabilidade e a tentativa de atribuir culpa a outras pessoas, instituições ou situações pelos obstáculos que geram infelicidade têm o poder de distorcer a verdadeira relação entre causa e efeito. Tal comportamento compromete o seu caráter e enfraquece a sua determinação, levando-o a buscar desculpas intermináveis.

Minha grande revelação

Quando eu tinha 21 anos, vivia em um cubículo e trabalhava como operário na construção civil. Precisava acordar às 5h para pegar três ônibus e chegar ao trabalho até às 8h. Não voltava para casa antes das 19h, exausto de carregar materiais de construção de um lado a outro o dia inteiro. Ganhava apenas o suficiente para sobreviver. Eu não tinha carro, praticamente nenhum dinheiro guardado e poucas roupas, somente o necessário. Também não tinha nem rádio nem TV.

Era pleno inverno, com temperaturas chegando a quase -40°C, e eu mal saía à noite. Em vez disso, quando me sobrava um pouco de energia, sentava-me numa pequena mesa em um cantinho da cozinha do meu pequeno apartamento e lia.

Em uma dessas ocasiões, já tarde da noite, enquanto eu estava ali, sozinho sentado à mesa, de repente me dei conta: "Esta é a minha vida". E essa vida não era um ensaio para algo mais. A trama já se desenrolava, e eu era o protagonista.

Foi como um clarão bem diante dos meus olhos. Olhei para mim mesmo e à minha volta, para o meu pequeno apartamento, refletindo sobre o fato de que eu não tinha me formado no ensino médio. E que o único trabalho para o qual eu estava qualificado era o trabalho braçal. E que eu ganhava apenas o suficiente para cobrir minhas despesas básicas, pouco me sobrando no final de cada mês.

De repente, percebi que, a menos que eu mudasse, nada mais mudaria. Ninguém poderia fazer isso por mim; na verdade, ninguém se importava. Naquele momento, entendi que, a partir daquele dia, eu seria completamente responsável pela minha vida e por tudo o que me acontecia. *Eu* era o único responsável. Não poderia mais culpar minha infância difícil ou os erros do passado. Eu estava no controle. Aquela era a minha vida, e, a não ser que eu tomasse uma atitude para mudá-la, ela continuaria assim, para sempre, movida apenas pela força da inércia.

Essa revelação mudou a minha vida, e, depois disso, nunca mais fui o mesmo. Daquele dia em diante, assumi cada vez mais responsabilidade por tudo em minha vida. Assumi a responsabilidade por desempenhar meu trabalho da melhor forma possível em vez de fazer apenas o mínimo para não ser demitido. Assumi a responsabilidade pelas minhas finanças, pela minha saúde e, especialmente, pelo meu futuro.

Já no dia seguinte, fui a uma livraria durante o intervalo do almoço, dando início a um hábito que até hoje cultivo: comprar livros repletos de informações, ideias e lições que possam me ajudar. Dediquei minha vida ao autocrescimento, comprometendo-me a aprender continuamente, de todas as maneiras possíveis.

Ao longo da minha vida profissional, até o momento presente, sempre que quis ou precisei aprender algo que pudesse me ajudar, voltei ao aprendizado: retomei minhas leituras, escutei programas educativos e participei de cursos e seminários. Descobri que é possível aprender tudo o que for preciso para alcançar as metas que você se propõe. Com o tempo, percebi que cerca de 80% da população nunca assume total responsabilidade por sua vida. Muitas pessoas continuam reclamando, criticando, inventando desculpas e culpando os outros pelas insatisfações sentidas. No entanto, as consequências desse tipo de pensamento podem ser desastrosas, sabotando todas as esperanças de sucesso e felicidade no futuro.

Da infância à maturidade

Durante seu desenvolvimento, ainda na tenra idade, você é condicionado a não se enxergar responsável pela própria vida. Trata-se de algo normal e natural. Quando se é criança, os pais estão no comando. São eles que tomam as decisões por você. Decidem o que você comerá, que roupas vestirá, com quais brinquedos brincará, em que casa viverá, qual escola frequentará e quais atividades praticará durante seu tempo livre. Por ser jovem, inocente e inconsciente, você apenas faz o que lhe é dito para ser feito. Pouca escolha ou controle você tem sobre as coisas.

Conforme cresce, você passa a tomar mais e mais decisões. Contudo, em razão da sua programação mental prévia, fica inconscientemente condicionado a acreditar que ainda há alguém responsável por você.

A maioria das pessoas cresce acreditando que, quando algo dá errado em sua vida, alguém mais é responsável. Alguém deve ser culpado, alguém é o vilão, e elas, as vítimas. Como resultado, estão sempre criando desculpas para as situações que as deixam infelizes, sejam elas relativas ao passado ou ao presente.

Supere os erros cometidos pelos seus pais

Se, durante a infância, seus pais o criticavam ou se irritavam com os erros que você cometia, é possível que, de maneira inconsciente, você tenha começado a acreditar que a culpa era sua; se eles o puniam física ou emocionalmente por fazer ou deixar de fazer algo que os agradava ou desagradava, isso pode ter te levado a se sentir inferior e incapaz; se negavam amor como forma de punição por não cumprir ordens, talvez tenha se desenvolvido em você uma sensação profunda de culpa e a crença de não merecer afeto. E, possivelmente, todos esses sentimentos negativos podem ter-se entrelaçado, fazendo você se sentir uma vítima, como se não fosse responsável por si mesmo ou por sua vida a partir do momento em que se tornou adulto.

A sensação mais comum que experimentamos como adultos, quando crescemos em um ambiente crítico, é a de que "não sou bom o suficiente". Essa crença nos leva a nos comparar desfavoravelmente com os outros, considerando aqueles que parecem mais confiantes ou felizes como melhores do que nós. Como resultado, desenvolvemos sentimentos de inferioridade, que podem transformar-se em uma verdadeira armadilha emocional.

A falácia fatal

Quando pensamos, por qualquer razão, que os outros são *melhores* do que nós, inconscientemente reconhecemos que somos *piores* do que eles. Se os vemos como pessoas de "mais valor," automaticamente passamos a nos enxergar como alguém de "menos valor". Essas sensações de inadequação ou falta de valor estão na raiz de muitos problemas de personalidade em nossa vida, assim como de grande parte dos problemas políticos e sociais no mundo.

E para escapar desse estado de culpa e desvalorização, incutidos em nós por críticas destrutivas durante a infância, acabamos descontando no mundo, nas pessoas e nas situações ao nosso redor. Diante dos aspectos de nossa vida que nos trazem infelicidade, nossa reação imediata costuma ser olhar em volta, nos perguntando: "Quem é o culpado?"

A maioria das religiões ensina o conceito de pecado. Tal conceito implica que, sempre que algo dá errado, alguém deve ser culpado. Alguém fez algo ruim. Alguém deve ser punido. Toda essa ideia de culpa e punição alimenta emoções crescentes de raiva e ressentimento, bem como a falta de responsabilidade.

Uma atitude de irresponsabilidade

Hoje, nossos tribunais estão sobrecarregados com milhares de pessoas exigindo reparação e compensação por algo que deu errado em sua vida. Apoiada por advogados de acusação ambiciosos, muita gente recorre à justiça em busca de indenização, mesmo quando são totalmente responsáveis pelo que aconteceu – *especialmente* se forem culpadas.

As pessoas simplesmente não querem aceitar a responsabilidade por suas ações. Derramam café quente em si mesmas e processam a rede de *fast food* que vendeu o produto. Ficam embriagadas, pegam no volante e saem da pista, e então processam o fabricante do carro de quinze anos que estavam dirigindo. Sobem em uma escada, inclinam-se demais, caem e depois processam o fabricante da escada pelo ferimento. Em todos esses casos, estão tentando escapar da responsabilidade por seus próprios atos, culpando os outros, dando desculpas e exigindo compensações.

Eliminando emoções negativas

O denominador comum de todo ser humano é o desejo de ser feliz. Nos termos mais simples, a felicidade surge da ausência de emoções negativas.

Onde não há emoções negativas, tudo o que resta são emoções positivas. Portanto, eliminar as emoções negativas deve ser um de seus principais objetivos na vida, se você realmente deseja ser feliz.

Existem dezenas de emoções negativas. Embora as mais comuns sejam a culpa, o ressentimento, a inveja, o ciúme, o medo e a hostilidade, todas, em última análise, se reduzem a um sentimento de *raiva*, que acaba sendo direcionado para dentro ou para fora.

A raiva é direcionada para dentro quando você a reprime em vez de expressá-la aos outros de maneira construtiva. E direcionada para fora quando você critica ou ataca outras pessoas.

Doenças psicossomáticas

As emoções negativas são as principais causas de doenças *psicossomáticas*, que surgem quando a mente (psique) deixa o corpo (soma) doente. As emoções negativas, sobretudo aquelas manifestadas na forma da raiva, enfraquecem seu sistema imunológico, deixando-o vulnerável a gripes e resfriados, assim como a outras doenças. Surtos incontroláveis de raiva podem até levar a problemas graves, como ataques cardíacos, derrames e colapsos nervosos.

A grande descoberta é que a presença de emoções negativas, sobretudo a raiva, está diretamente ligada à sua tendência de *culpar* alguém ou algo pelas insatisfações sentidas.

É preciso tremenda autodisciplina para evitar transferir a responsabilidade pelos seus problemas aos outros, assim como é preciso um autocontrole extraordinário para se recusar a dar desculpas. É preciso tremenda autodisciplina para aceitar a total responsabilidade por tudo o que você é, por tudo o que se torna e por tudo o que acontece em sua vida.

Mesmo que não seja diretamente responsável por um evento específico (o Furacão Katrina, por exemplo), você é responsável pelas suas reações a esses eventos, bem como por tudo o que diz e faz a partir do momento em que ocorrem. Exercer total controle sobre sua mente consciente e escolher, de modo deliberado, pensamentos positivos e construtivos que melhorem sua vida, seus relacionamentos e seus resultados exige grande autodomínio; a recompensa por esse esforço, no entanto, é igualmente grande.

Culpar é fácil

Optar pelo caminho da menor resistência leva ao comportamento mais impulsivo de todos: culpar outra pessoa sempre que algo dá errado, independentemente da razão.

Com frequência, pessoas que têm o hábito de culpar acabam direcionando sua raiva para *objetos*. Culpar coisas inanimadas quando estas não funcionam como esperado é tão irracional que beira uma leve forma de insanidade.

As pessoas se irritam com portas emperradas, xingam ferramentas que estão usando quando elas próprias cometem um erro e ficam furiosas quando o carro não liga. Mesmo tratando-se de objetos inanimados, se algo não funciona perfeitamente, a culpa é atribuída a eles. Quantas vezes acabam chutando o carro que as deixou irritadas ou a caixa em que tropeçaram?

O antídoto para as emoções negativas

A maneira mais rápida e eficaz de eliminar emoções negativas é imediatamente dizer: "Eu sou responsável!" Sempre que uma situação desencadear raiva ou qualquer tipo de reação negativa, procure neutralizar rapidamente esses sentimentos, dizendo: "Eu sou responsável".

A Lei da Substituição afirma ser possível substituir um pensamento positivo por um negativo, e vice-versa. Como sua mente consegue reter apenas um pensamento de cada vez, ao escolher deliberadamente o pensamento positivo "Eu sou responsável", você anula qualquer outro pensamento ou emoção daquele momento.

Não se pode aceitar a responsabilidade e, ao mesmo tempo, nutrir raiva. Aceitar a responsabilidade implica em deixar de lado emoções negativas. É impossível assumir a responsabilidade sem retomar a calma, a positividade e o foco.

Enquanto continuar a culpar outra pessoa por aspectos indesejados de sua vida, você permanecerá "mentalmente uma criança". Continuará a se ver como um ser pequeno e indefeso, uma vítima. Continuará a descontar no outro. Mas, a partir do momento em que começar a aceitar a responsabilidade por tudo o que acontece com você, você será "mentalmente um adulto". Passará a se enxergar tomando as rédeas da própria vida, e já não mais como uma vítima.

Nos Alcoólicos Anônimos, indivíduos enfrentando problemas com a bebida se reúnem com outros que vivem situações semelhantes. Nesses encontros, aprendem que, até que a pessoa assuma a responsabilidade por seus próprios problemas – relacionados ao alcoolismo ou a outras áreas da vida –, nenhum progresso será alcançado. Após essa aceitação, tudo se torna possível. Tal pensamento se aplica a praticamente qualquer contexto de dificuldade no qual sua infelicidade é projetada em outras pessoas ou em fatores alheios a você.

Dinheiro e emoções

Muitos de nossos maiores problemas e preocupações na vida estão relacionados ao dinheiro: ganhá-lo, gastá-lo, investi-lo e, especialmente, perdê-lo. Como resultado, muitas de nossas emoções negativas também estão, de alguma forma, ligadas a essa questão. A verdade, entretanto, é que você é responsável por sua vida financeira. Você decide. Você está no comando.

Portanto, é apenas ao aceitar a responsabilidade pela sua renda (quem realmente aceitou o emprego em que está hoje?), suas contas (quem se colocou em dívidas?) e seus investimentos (quem tomou aquelas decisões?) que você deixará de ser "financeiramente uma criança" e se tornará "financeiramente um adulto".

Responsabilidade e controle

Há uma relação direta entre a aceitação da responsabilidade e a sensação de controle que você tem sobre sua vida. Ou seja, quanto mais você aceita a responsabilidade, maior será o senso de controle experimentado.

Há também uma relação direta entre a percepção de controle que você tem e o seu estado emocional. Quanto mais elevado for o seu senso de controle em áreas importantes da vida, mais positivo e feliz você se sentirá em tudo o que fizer.

Ao aceitar a responsabilidade, você se sente fortalecido, empoderado e decidido. Aceitar a responsabilidade elimina as emoções negativas que roubam de você a felicidade e o contentamento.

Em quaisquer circunstâncias, o antídoto para as emoções negativas é afirmar: "Eu sou responsável". Observe o cenário à sua volta e encontre as razões pelas quais você é responsável pelo que aconteceu ou está acontecendo na sua vida.

A inteligência é como uma faca de dois gumes: pode ser usada tanto para racionalizar, justificar e culpar os outros por infelicidades sentidas quanto para identificar as razões pelas quais se é responsável, permitindo, assim, encontrar formas de lidar com a situação e buscar soluções. Você pode optar por dar desculpas ou progredir. A escolha é sua.

Mesmo em casos envolvendo acidentes, como seu carro ser danificado no estacionamento enquanto você está no trabalho, você pode até ser *legalmente* isento de culpa; ainda assim, é responsável pelas suas reações e por como lida com a situação.

Sem reclamar nem justificar

A verdadeira marca de um líder, de uma pessoa verdadeiramente superior, é assumir total responsabilidade pela realidade que enfrenta. Não se pode conceber a ideia de um líder genuíno que, ao se deparar com problemas e dificuldades, resmungue ou reclame em vez de agir.

Esse senso de "responsa(ha)bilidade" é a marca de uma personalidade altamente desenvolvida: você assume o comando da sua vida ao decidir, de antemão, que não se deixará abalar por algo que não pode influenciar ou mudar. Também não se permite ficar bravo e infeliz no presente por causa de experiências ou situações ruins do *passado*. Você diz a si mesmo: "O que não pode ser curado deve ser suportado".

É surpreendente como tantas pessoas ainda carregam consigo a infelicidade de algo ocorrido há muitos anos. Todas as vezes que relembram aquela experiência negativa, voltam a sentir raiva ou tristeza. O lado positivo é: a qualquer momento, é possível deixar de pensar, falar ou reviver o passado; a qualquer momento, é possível se voltar para o futuro promissor à sua frente. Como dito por Helen Keller: "Mantenha sua face à luz do sol, e assim não verá as sombras".

Autodomínio e autocontrole

Autodomínio, autocontrole e autodisciplina começam com a aceitação da responsabilidade por suas emoções, quando se assume 100% da responsabilidade por si mesmo e pelas reações a tudo o que lhe acontece. Você se recusa a dar desculpas, a reclamar, a criticar ou a culpar os outros. Em vez disso, afirma "Eu sou responsável" e toma atitudes.

O único antídoto é a ação

A chave para superar a raiva e a preocupação é agir com foco em metas, como será abordado no próximo capítulo. Contudo, antes disso, decida assumir o controle dos seus pensamentos, sentimentos e ações agora mesmo. Concentre-se nas coisas que realmente importam para você, de modo que não haja espaço para cultivar ou expressar emoções negativas, seja em relação a si mesmo, seja em relação aos outros, por qualquer motivo.

Exercícios práticos

1. Decida hoje aceitar 100% da responsabilidade por tudo o que você é e se tornará. Sem reclamar nem se justificar.
2. Revisite o passado e identifique uma pessoa ou incidente que ainda o faz se sentir infeliz. Em vez de justificar seus sentimentos negativos, analise as razões pelas quais *você* foi parcialmente responsável pelo que aconteceu.
3. Relembre um relacionamento do seu passado que o deixou infeliz e apresente três razões pelas quais *você* foi responsável pelo que ocorreu.
4. Pense em uma pessoa do seu passado de quem ainda sente raiva e decida perdoá-la pelo que aconteceu. Tenha certeza de que esse ato te libertará emocionalmente.
5. Aceite total responsabilidade pela sua situação financeira, sem culpar ninguém mais por isso. Quais serão os seus próximos passos para resolver essa situação?
6. Aceite total responsabilidade pela sua situação familiar e aja imediatamente para melhorar os relacionamentos onde houver problemas.
7. Aceite 100% da responsabilidade pelo seu estado de saúde. Decida hoje começar a fazer ou parar de fazer o que for necessário para alcançar uma excelente saúde.

CAPÍTULO 4

Autodisciplina e metas

"Disciplina é a ponte entre metas e realizações."

–Jim Rohn

A sua capacidade de estabelecer metas claras e trabalhar com constância em direção a elas será mais determinante para o seu sucesso do que qualquer outra estratégia. Provavelmente, você já ouviu expressões como: "Não se pode atingir um alvo que não se enxerga" e "Se não sabe para onde vai, qualquer caminho servirá". Wayne Gretzky também reforçou essa ideia ao dizer: "Todo tiro não dado é perdido".

O próprio ato de dedicar tempo para refletir e definir o que realmente deseja em cada área da sua vida tem o poder de transformá-la por completo.

O fator 3%

Ao que parece, apenas 3% dos adultos colocam metas e planos no papel, e esse pequeno grupo acumula mais riqueza do que os outros 97% juntos.

Por quê? A resposta mais simples é: quem tem objetivos claros e um plano bem definido dispõe de um roteiro para seguir diariamente. Assim, em vez de se dispersar com distrações, consegue focar seu tempo e sua energia em uma orientação mais certeira. Isso explica por que quem estabelece metas alcança muito mais coisas do que aqueles que não o fazem.

O lamentável em toda essa história é que a maioria das pessoas pensa já ter metas estabelecidas, mas o que de fato têm são *esperanças* e *desejos*. Contudo, a esperança não é uma estratégia para o sucesso; e o desejo, como já definiram, é "uma meta sem força suficiente para impulsioná-la".

Multiplique suas chances de sucesso

Em 2006, o *USA Today* publicou um estudo no qual pesquisadores selecionaram um grande número de pessoas que havia feito resoluções de Ano-Novo. Os participantes foram divididos em duas categorias: aqueles que estabeleceram suas metas e as registraram por escrito, e aqueles que, apesar de terem feito resoluções, não as tinham colocado no papel.

Doze meses depois, os pesquisadores realizaram um acompanhamento com os participantes do estudo, e o que descobriram foi surpreendente: dos que haviam feito resoluções de Ano-Novo, mas não as anotaram, *apenas 4%* conseguiram cumpri-las. No entanto, entre o grupo que havia registrado suas resoluções (algo que leva apenas alguns minutos), *44% as cumpriram*. Isso representa uma diferença de mais de 1.100% em termos de sucesso, alcançado simplesmente pelo ato de colocar as resoluções ou metas no papel.

A disciplina do ato de escrever

Com base em minha experiência de trabalho com milhões de pessoas ao longo dos últimos vinte e cinco anos, constatei que o ato disciplinado de escrever metas, elaborar planos para alcançá-las e neles trabalhar todos os dias aumenta a probabilidade de sucesso em até dez vezes, ou seja, 1.000%.

Isso não significa, claro, que escrever metas *garante* o sucesso, mas, sim, que aumenta a *probabilidade de sucesso* em dez vezes. E essas são chances extremamente favoráveis, especialmente considerando que não há riscos ou custos envolvidos no simples ato de colocar suas ideias no papel – apenas um pequeno investimento de tempo.

Considera-se escrever uma atividade "psiconeuromotora", pois se trata de algo que exige concentração e reflexão. Ao anotar metas, por exemplo, por estar fazendo uma escolha consciente sobre o que é mais importante para o seu futuro, você acaba por fixá-las em sua mente subconsciente, que começa a trabalhar incessantemente para realizá-las. Costumo dizer aos participantes dos meus seminários: "Somente 3% dos adultos têm metas escritas, e o restante trabalha para esses 3%". Na vida, ou você trabalha para alcançar as próprias metas ou trabalha para realizar as metas de outra pessoa. Qual será a sua escolha?

Mecanismos de sucesso *versus* mecanismos de fracasso

Seu cérebro possui tanto mecanismo de sucesso quanto mecanismo de fracasso. Este último é a tentação de seguir o caminho indisciplinado da menor resistência, de fazer o que é divertido e fácil em vez daquilo que é difícil e necessário. O mecanismo de fracasso opera automaticamente no decorrer da vida, principal razão pela qual a maioria das pessoas falha em alcançar seu pleno potencial.

Enquanto, por um lado, o mecanismo de fracasso funciona de maneira automática, por outro o de sucesso é acionado por uma meta.

Uma vez estabelecida uma meta, é possível ultrapassar o mecanismo de fracasso e alterar a trajetória da sua vida. Você deixa de ser um barco sem leme, à deriva com a maré, para se tornar um barco com leme e bússola, navegando firme em direção a um destino promissor.

O PODER DAS METAS

Recentemente, um cliente compartilhou comigo uma história interessante. Ele me contou que participou de um dos meus seminários em 1994, quando falei sobre a importância de anotar as metas e elaborar planos para persegui-las. À época, ele tinha 35 anos, trabalhava como vendedor de carros em uma concessionária de Nashville e ganhava cerca de US$50.000 por ano.

Segundo ele, aquele dia transformou sua vida, pois foi quando começou a escrever suas metas e planos e a neles trabalhar dia após dia. Vinte anos depois, seu faturamento superava um milhão de dólares por ano, e ele era presidente de uma empresa em franco crescimento, fornecendo serviços para algumas das maiores companhias do país. Esse cliente me disse que não conseguia imaginar como teria sido sua vida se não tivesse pegado aquele pedaço de papel e anotado as metas que queria alcançar nos anos seguintes.

Assuma o controle da sua vida

Para Aristóteles, os seres humanos são organismos *teleológicos*, o que significa que somos impulsionados por um *propósito*. Por isso, só alcançamos a felicidade e sentimos que estamos no comando da nossa vida quando temos objetivos bem definidos e nos dedicamos a eles todos os dias. Isso também evidencia que aprender a definir metas é uma das competências mais valiosas que podemos adquirir.

Na natureza, o pombo-correio é uma ave extraordinária. Ele possui um instinto incrível que lhe permite voltar ao seu poleiro, não importa quão longe esteja ou em que direção precise ir. Você pode pegar um pombo-correio em seu poleiro, colocá-lo em uma gaiola, fechar a gaiola dentro de uma caixa, cobrir a caixa com um cobertor e colocá-la no fundo de uma caminhonete. Em seguida, pode dirigir 1.600 quilômetros em qualquer direção, abrir o veículo, retirar a caixa, tirar o cobertor, abrir a gaiola e soltar o pombo-correio no ar.

O pombo-correio dará três voltas, identificará seus pontos de referência e, em seguida, voará diretamente de volta ao seu poleiro. Esta é a única criatura na terra com essa habilidade – exceto os seres humanos. Exceto *você*.

Você também possui essa notável capacidade de encontrar o caminho na própria mente, mas com uma diferença especial: o pombo-correio parece saber *por instinto* onde está localizado seu poleiro, o que lhe permite voar diretamente de volta para lá. Já os seres humanos, quando definem uma meta em sua mente, podem iniciar sua jornada *sem ter ideia* de para onde vão ou como alcançá-la. Ainda assim, por um efeito quase milagroso, começam a avançar inexoravelmente em direção a essa meta, e a meta, a deles se aproximar.

Ainda assim, muitos ficam hesitantes em estabelecer metas, dizendo a si mesmos: "Quero ter independência financeira, mas não sei como chegar lá". Como resultado, não chegam nem mesmo a estabelecer o sucesso financeiro como uma meta. Mas a realidade é que *você não precisa saber como chegar lá*. Basta ter clareza sobre o que deseja alcançar, e seu mecanismo de direcionamento te guiará até o destino.

Você pode, por exemplo, estabelecer como meta encontrar o emprego dos seus sonhos, em um local onde trabalhe ao lado de pessoas que você admira e respeita, realizando tarefas desafiadoras e, ao mesmo tempo, gratificantes. Dedique um tempo para escrever uma descrição detalhada do emprego e ambiente de trabalho ideais na sua concepção. Em seguida, comece a explorar o mercado e a buscar ativamente vagas que se alinhem com essa visão.

Após uma série de entrevistas, você provavelmente encontrará o lugar certo no momento certo e se verá exatamente no trabalho que imaginou. Quase todos já passaram por uma experiência semelhante em algum momento. O diferencial está em alcançar isso de maneira intencional, e não por acaso.

O método dos 7 passos para atingir suas metas

Há sete passos descomplicados que você pode seguir para definir e atingir suas metas mais rapidamente. Existem metodologias do tipo mais complexas e detalhadas, mas este método dos sete passos te permitirá alcançar resultados até dez vezes maiores do que você já conquistou, e em um tempo muito menor do que imagina.

Passo 1: Decida exatamente o que você quer. Seja específico. Por exemplo, se o objetivo é aumentar sua renda, defina um valor exato, em vez de simplesmente afirmar que deseja "ganhar mais dinheiro".

Passo 2: Anote tudo. Uma meta não colocada no papel é como a fumaça que se dissipa no ar. É vaga e insubstancial. Não tem força, efeito ou poder. Uma meta por escrito, contudo, torna-se algo que você pode ver, tocar, ler e modificar, se necessário for.

Passo 3: Estabeleça um prazo para a concretização da sua meta. Defina um prazo razoável e anote a data em que deseja alcançar sua meta. Para metas maiores, estabeleça um prazo final e, em seguida, divida o caminho em etapas ou prazos intermediários. Isso cria um roteiro claro, guiando você desde o ponto de partida até o objetivo final.

Um prazo funciona como um "sistema de pressão" para o seu cérebro. Assim como você tende a realizar mais quando está sob a pressão de uma data limite, sua mente subconsciente opera de maneira mais rápida e eficiente ao trabalhar com um prazo definido. A regra é clara: "Não existem metas irreais, apenas prazos irreais".

E se você não atingir sua meta dentro do prazo? Simples: ajuste-o. Um prazo é simplesmente uma estimativa. Você pode alcançar sua meta antes, no prazo ou até mesmo depois.

Tenha em mente que, ao definir uma meta, ela estará inserida em um contexto específico de circunstâncias externas, que podem mudar, levando também a ajustes nos prazos.

Passo 4: Faça uma lista de tudo o que você consegue pensar que pode fazer para alcançar sua meta. Como dito por Henry Ford: "Mesmo a maior das tarefas pode ser concluída se você a dividir em pequenas etapas".

- Faça uma lista de *obstáculos* que você terá de superar, tanto externos quanto internos, para atingir sua meta.
- Faça uma lista de *conhecimentos e habilidades* extras de que precisará para atingir sua meta.
- Faça uma lista de *pessoas* de cuja cooperação e apoio você precisará para atingir sua meta.
- Faça uma lista com tudo o que consegue pensar que precisará fazer, e, sempre que lhe ocorrer algo mais, adicione esses itens a ela. Continue fazendo isso até que a lista esteja completa.

Passo 5: Organize sua lista tanto por sequência quanto por prioridade. Uma lista de atividades organizadas por *sequência* pede que você decida o que precisa fazer em primeiro, segundo e terceiro lugares. Já uma lista organizada por *prioridade* permite que você determine o que é mais e menos relevante.

Em alguns casos, sequência e prioridade coincidem, mas, com frequência, não. Por exemplo, se seu objetivo é começar um tipo específico de negócio, o primeiro passo na sequência seria comprar um livro ou se inscrever em um curso sobre o assunto.

Contudo, o mais importante é sua capacidade de elaborar um plano de negócios detalhado, fundamentado em uma pesquisa de mercado aprofundada, que sirva para reunir os recursos necessários e iniciar o negócio que você idealizou.

Passo 6: Coloque o seu plano em ação imediatamente. Dê o primeiro passo – e, depois, o segundo e o terceiro. Comece agora. Mantenha-se em movimento. Seja ágil. Não procrastine. Lembre-se: a procrastinação não é apenas um ladrão de tempo; é um ladrão de vida.

A diferença entre o sucesso e o fracasso na vida é apenas que os vencedores dão o primeiro passo. São proativos. Como dizem em Star Trek, "vão ousadamente onde nenhum homem jamais esteve". Os vencedores estão dispostos a agir mesmo sem garantias de sucesso.

Passo 7: Faça algo todos os dias que mova você em direção à sua maior meta. Eis o passo-chave que garantirá o seu sucesso: faça algo, sete dias por semana, 365 dias por ano. Faça qualquer coisa que o aproxime, nem que seja um passo, da meta mais importante para você no momento.

Quando faz algo todo dia que te aproxima do seu propósito, você começa a gerar *impulso*, e o impulso, essa sensação de avanço contínuo, te motiva, inspira e energiza. Conforme ganha impulso, você perceberá como fica cada vez mais fácil dar novos passos em direção à sua meta.

A seguir, revelarei um dos métodos mais eficientes que já descobri para alcançar metas, um método que não só ensino mundo afora como pratico quase todos os dias.

O exercício dos dez objetivos

Este é um dos métodos mais poderosos para atingir metas que já descobri. Eu ensino isso em todo o mundo e pratico quase todos os dias.

Pegue uma folha de papel em branco. No topo da página, escreva a palavra "Metas" e a data de hoje. Depois, discipline-se a anotar dez metas que você gostaria de alcançar nos próximos doze meses. Inclua metas financeiras, familiares e de saúde, assim como metas relacionadas a bens pessoais, como uma casa ou um carro.

Por enquanto, não se preocupe com como você vai alcançá-las. Apenas escreva-as o mais rapidamente possível. Se preferir, pode anotar até quinze metas, mas esse exercício exige que escreva um mínimo de dez em um prazo de três a cinco minutos.

Escolha uma meta

Se pudesse alcançar qualquer uma das metas da sua lista em até vinte e quatro horas, qual delas teria *o maior impacto positivo* na sua vida neste momento? Qual meta mudaria ou melhoraria sua vida mais do que qualquer outra? Qual única meta, se você a alcançasse, te ajudaria a realizar mais de suas outras metas do que qualquer outra?

Não importa qual seja sua resposta, marque essa meta, faça um círculo ao seu redor e escreva-a no topo de uma nova folha. Ela se tornará seu "Grande Propósito Definido", que estruturará e orientará suas ações futuras.

Elabore um plano

Após definir claramente o plano, tornando-o específico e mensurável, estabeleça um prazo para alcançar a meta. A mente subconsciente precisa de um prazo para direcionar a atenção e concentrar toda a energia mental na concretização desse objetivo.

Faça uma lista de tudo em que consegue pensar para atingir sua meta. Organize essa lista por sequência e prioridade.

Selecione o próximo passo de seu plano, seja ele o mais importante, seja o mais lógico, e aja imediatamente para concretizá-lo.

Dê o primeiro passo. Faça *alguma coisa*. Faça *qualquer coisa*.
Deste momento em diante, "fracassar não é uma opção". Após decidir que essa única meta pode ter o maior impacto positivo na sua vida e de defini-la como seu propósito principal, comprometa-se a trabalhar nela com todo o afinco, pelo tempo que for necessário, e nunca desista até que ela seja alcançada. Essa decisão, por si só, tem o poder de mudar a sua vida.

Use o "mindstorming" para começar

Eis uma técnica que pode aumentar bastante as chances de alcançar sua meta principal. Trata-se da técnica de pensamento criativo mais poderosa que já vi. Muitas pessoas alcançaram a riqueza com esse método, mais do que com qualquer outra abordagem.

Pegue outra folha de papel em branco. Escreva seu Grande Propósito Definido no topo da página na forma de uma *pergunta*. Discipline-se, então, a escrever um mínimo de vinte respostas para essa pergunta.

Se a sua meta, por exemplo, é faturar, até uma data estabelecida, certa quantidade de dinheiro, você pode escrever: "Como posso ganhar X até esta data específica?" Você, então, se disciplinará a escrever vinte respostas à pergunta. Esse exercício de *"mindstorming"* ativará sua mente, libertará sua criatividade e lhe dará ideias que, de outra maneira, você talvez nunca fosse ter.

As primeiras três ou cinco respostas serão relativamente fáceis de identificar. Já as cinco seguintes exigirão mais reflexão e esforço, enquanto as últimas dez podem parecer um tanto desafiadoras, especialmente na primeira vez que fizer esse exercício. Ainda assim, você deve usar sua disciplina e força de vontade para persistir até ter escrito, no mínimo, vinte respostas.

Após enumerar as vinte respostas, revise a lista e escolha uma delas, uma sobre a qual começará a agir imediatamente. Quando você age com base em uma única ideia da sua lista, isso parece despertar novas ideias e aumentar sua motivação para agir em outras respostas também.

A grande Lei de Causa e Efeito

A aplicação mais importante da Lei de Causa e Efeito é a de que "os pensamentos são causas; as condições, efeitos".

Os pensamentos moldam as circunstâncias da vida. Ao mudar a forma de pensar, a vida também se transforma. O mundo exterior se torna um reflexo do mundo interior.

Talvez a maior descoberta na história do pensamento é que "você se torna aquilo em que pensa na maior parte do tempo", e, assim como afirmou o professor John Boyle: "Tudo o que pensar com constância, você pode conquistar".

Napoleon Hill, autor do clássico sobre sucesso *Pense e enriqueça* – publicado pela primeira vez em 1939 e vendido ainda nos dias de hoje –, afirmou: "Tudo o que a mente humana pode conceber e acreditar, ela pode alcançar".

Quando mantém foco constante na meta e nela trabalha diariamente, seus recursos mentais vão se concentrar cada vez mais em aproximar você dessa meta – e, ao mesmo tempo, trazer a meta até você.

A disciplina de estabelecer metas dia após dia fará de você uma pessoa determinada. Sua autoestima, autoconfiança e autorrespeito florescerão, e, quando der por si que está se aproximando das suas metas cada vez mais rapidamente, se tornará uma pessoa imbatível.

No próximo capítulo, mostrarei que a autodisciplina, como ferramenta para o desenvolvimento da excelência pessoal, constitui uma das melhores formas de alcançar todas as suas metas, materiais e emocionais.

Exercícios práticos

1. Decida hoje ativar o seu mecanismo de sucesso, destravando o poder de alcançar metas e definindo claramente o que quer para a sua vida.
2. Faça uma lista das metas que quer atingir no futuro próximo. Escreva-as no tempo presente, como se já as tivesse alcançado.
3. Selecione uma das metas, a que teria o maior impacto positivo na sua vida quando atingida, e a anote no topo de outra página em branco.
4. Em seguida, elabore uma lista de todas as ações que poderia tomar para alcançar essa meta, organizando-as por sequência e prioridade, e comece a agir imediatamente.
5. Pratique o *"mindstorming"* escrevendo vinte ideias que poderiam ajudar você a atingir sua meta mais importante e então coloque em prática ao menos uma delas.
6. Determine-se a fazer algo todos os dias da semana para atingir sua meta mais importante até que seja bem-sucedido nesse propósito.
7. Lembre-se sempre de que "fracassar não é uma opção". Não importa de que maneira, determine-se a persistir até obter êxito.

CAPÍTULO 5

Autodisciplina e excelência pessoal

"Somos o que repetidamente fazemos. A excelência, portanto, não é um feito, mas um hábito".

−Aristóteles

Você é o seu recurso mais valioso. Sua existência, suas capacidades, suas perspectivas: esses são os maiores tesouros que possui. Por isso, uma das principais metas da sua vida deveria ser realizar plenamente esse potencial, tornando-se tudo o que pode ser.

Não há limites para sua capacidade de aprender e crescer. Hoje, há gente se formando no ensino médio e na universidade na casa dos setenta anos, aprendendo novas coisas e desenvolvendo novas competências. Com um cérebro ativo e bem exercitado, você pode continuar aprendendo e mantendo sua memória afiada ao longo de toda a vida.

Seu bem financeiro mais precioso é o *poder de gerar renda*, sendo o trabalho a sua principal fonte de recursos. Mesmo que perca casa, carro ou economias, enquanto preservar o poder de gerar renda, será possível recuperar tudo – e até superar o que foi perdido – nos meses ou anos à frente.

Seu maior investimento

Poucos dão o devido valor ao poder de gerar renda, algo que demanda anos de dedicação para ser desenvolvido. Cada etapa da formação, cada experiência vivida e cada esforço empregado em aprender e aperfeiçoar suas competências fortaleceu essa capacidade.

O poder de gerar renda lembra muito um músculo. Ela pode crescer em força e eficiência com o exercício constante. No entanto, o contrário também é verdadeiro: se negligenciada ou não desenvolvida, essa capacidade, assim como os músculos, tende a enfraquecer e a definhar, resultado da falta de esforço contínuo para trabalhá-la.

Em outras palavras, sua capacidade de gerar renda pode ser tanto um ativo que se *valoriza* quanto um que se *deprecia*. Um ativo valorizado aumenta em valor e rendimento com o tempo, graças a investimentos e aprimoramentos constantes. Já um ativo que se deprecia perde valor ao longo do tempo, até chegar ao ponto de ser "dado como perdido", tendo pouco ou nenhum valor. A escolha é sua: seu poder de gerar renda pode estar aumentando ou diminuindo mês a mês, ano após ano.

Você é o CEO

Imagine-se como o CEO da sua própria "Corporação de Serviços Pessoais". Agora suponha que fosse abrir o capital da sua empresa na bolsa de valores: você recomendaria sua empresa como uma ação de *crescimento*, que aumenta continuamente em valor e poder de gerar renda a cada ano? Ou a descreveria como estagnada no mercado, sem realmente avançar em termos de valor e receita? Você recomendaria ações da *Você S.A.* como um excelente investimento? Por que sim? Ou por que não?

O que te trouxe até aqui não levará você adiante

Algumas pessoas estão, de fato, perdendo valor a cada ano, perdendo sua capacidade de gerar renda, isso porque não se atualizam. Não se dão conta de que, quaisquer conhecimentos e aptidões que tenham hoje, podem rapidamente se tornar obsoletos. Serão substituídos por novos conhecimentos e aptidões que, se não adquiridos por você, serão por outros, deixando-o propenso a ser superado.

Junte-se aos 20% do topo

No Capítulo 1, expliquei como a regra dos 80/20 aplica-se à renda: os 20% mais ricos da nossa sociedade ganham e controlam 80% dos ativos. De acordo com estimativas de publicações como *Forbes, Fortune, Business Week, Wall Street Journal*, e também do *IRS*, o 1% mais rico dos norte-americanos controla até 33% dos ativos. O mais interessante sobre a diferença de renda é que a maioria dos milionários, multimilionários e bilionários nos Estados Unidos é de primeira geração, ou seja, começaram com pouco ou nada e conquistaram toda a sua fortuna por conta própria.

Nos Estados Unidos, há um alto nível de mobilidade de renda, o que significa ser possível passar dos estratos mais baixos de renda para os mais altos. Quase todos os que estão hoje entre os 20% mais abastados começaram entre os 20% de menor poder aquisitivo. A diferença foi o que fizeram com seu tempo e sua vida, o que os colocou diretamente na "escada rolante" do sucesso financeiro.

Sem limites para o seu potencial

O aumento médio de renda nos Estados Unidos gira em torno de 3% ao ano, o que equivale à taxa de inflação e ao crescimento do custo de vida. Com esse ritmo, é difícil conseguir um progresso financeiro realmente significativo.

O fato é que ninguém é superior ou mais esperto do que você. Se alguém está indo melhor, isso apenas prova que essa pessoa aprendeu a aplicar a Lei de Causa e Efeito no trabalho, seguindo os passos de outras pessoas bem-sucedidas. Aplicar essa lei à sua vida resume-se a duas ações: "aprender e fazer".

A decisão de buscar a excelência pessoal está em suas mãos. Sem assumir esse compromisso, você estará automaticamente restrito a resultados medianos ou até abaixo disso. Ninguém se torna excelente por acaso ou apenas fazendo o básico.

As chaves para o século XXI

Conhecimento e competências são fundamentais no século XXI. Tornar-se a melhor pessoa que você possivelmente pode ser e chegar ao topo da sua área requer a aplicação da autodisciplina de modo permanente. Assim como o condicionamento físico, o mental exige esforço ao longo de toda a vida. Nunca deixe de praticar. Você precisa continuar aprendendo e crescendo – todo dia, toda semana, todo mês – na carreira (assim como em outras áreas da vida) se quiser se juntar aos 20% do topo e ali permanecer. Para ganhar mais, você precisa *aprender* mais.

Como afirmado por Abraham Lincoln: "O fato de alguém ter alcançado a riqueza prova que outros também podem fazê-lo".

O que outros fizeram você também pode fazer – se aprender *como*. Todos os que hoje estão no topo um dia estiveram na base da pirâmide. Muitas figuras proeminentes vieram de famílias humildes, de renda modesta, ou cresceram em conjunturas comuns. E o que centenas de milhares, e até milhões, de outras pessoas já conseguiram você também pode conseguir. Nas palavras do filósofo Bertrand Russell: "A melhor prova de que algo pode ser feito é o fato de que alguém já o fez".

Do ordinário ao extraordinário

Não é incomum ver gente por aí que não parece tão inteligente ou tão talentosa quanto você, mas que conquistou feitos notáveis. Poucas coisas são tão irritantes quanto ver alguém que aparenta ser *mais tolo* prosperar mais na vida. Como pode uma coisa dessas?

A explicação é simples: essas pessoas entenderam, em algum ponto, que o crescimento pessoal e profissional é a chave para o sucesso. O lado positivo é que quase toda habilidade pode ser *aprendida*. Todas as habilidades do mundo dos negócios podem ser aprendidas: todos os que são proficientes em alguma área de negócios já foram, em algum momento, completamente ignorantes nesse campo; toda habilidade do mundo de vendas pode ser aprendida: todo grande vendedor já foi um novato, incapaz de fazer uma ligação ou fechar uma venda; todas as habilidades para ganhar dinheiro também podem ser aprendidas: quase toda pessoa rica já foi pobre um dia. Você pode aprender tudo o que precisa para alcançar qualquer objetivo que estabeleça para si.

Tome uma decisão

O ponto de partida para avançar e se tornar uma das pessoas mais competentes, respeitadas e bem remuneradas é: *tome uma decisão!*

Diz-se que toda grande mudança acontece quando a mente colide com uma nova ideia e se decide fazer algo diferente: você toma a decisão de se formar, de desenvolver suas habilidades ou simplesmente de ir bem na faculdade, por exemplo. Você toma a decisão de abrir um negócio. Você toma a decisão de começar em um emprego ou em uma carreira em particular. Você toma a decisão de investir seu dinheiro de maneira estratégica. E, em especial, você toma a decisão de ser o melhor na sua área.

Muitos falam como gostariam de ser *felizes, saudáveis, esbeltos* e *ricos*. Mas (como discutido no Capítulo 4) *desejar* e *esperar* não são o bastante. É preciso tomar uma decisão firme e inequívoca de que pagará o preço que for e percorrerá a distância que for para atingir as metas que estabeleceu para si mesmo. Você precisa tomar essa decisão e eliminar mentalmente qualquer possibilidade de retroceder. A partir desse momento, você se compromete a continuar investindo em si mesmo e se aperfeiçoando até alcançar os 20% do topo – ou ir além.

Siga os líderes, não os liderados

A partir do momento em que decidir ser um dos melhores na sua área, observe ao redor e identifique quem já está no topo:

- Quais características essas pessoas têm em comum?
- Como planejam e organizam seus dias?
- Como se vestem?
- Como andam, falam e se comportam perante outras pessoas?
- Que livros leem?
- Como gastam seu tempo livre?
- Com quem se associam?
- Que cursos fizeram?
- Que programas educativos ouvem em seus carros?

Essas são apenas algumas das perguntas que você deve fazer a si mesmo para descobrir o que pessoas bem-sucedidas estão fazendo que você também precisa fazer. Afinal, não se pode acertar um alvo que não se vê.

Escolher os exemplos certos de pessoas tem um enorme impacto no seu futuro. Estudos conduzidos pelo doutor David MacLelland, de Harvard e autor do livro *A sociedade competitiva*, indicaram que até 95% do sucesso na vida está ligado à escolha de um "grupo de referência". O grupo de referência é formado por sujeitos que você sente ser "como eu". Sua tendência natural é, portanto, adotar as atitudes, o jeito de se vestir, as opiniões e o estilo de vida das pessoas com as quais se identifica e se associa a maior parte do tempo.

Esteja junto dos melhores

Anos atrás, um dos participantes do meu seminário compartilhou sua história. Bob Barton revelou que iniciou sua carreira aos 21 anos em uma grande empresa, trabalhando em uma filial com cerca de trinta e dois vendedores. Era seu primeiro emprego formal, e ele estava começando de baixo. Por ser novato, costumava andar com os outros vendedores juniores.

Depois de um mês ou dois, Bob percebeu que os maiores vendedores da empresa também costumavam andar uns com os outros. Não passavam tempo com os juniores. Além disso, tinham uma rotina diferente. Quando Bob chegava ao trabalho pela manhã, esses profissionais já estavam lá, planejando o dia, fazendo ligações e agendando compromissos. Bob notou, ainda, como os vendedores juniores chegavam mais tarde, tomavam café, liam o jornal e sempre arranjavam desculpas para não fazer ligações.

Aprenda com eles

Bob, então, decidiu que se espelharia nos melhores vendedores do escritório. Passou a observar como eles se vestiam e cuidavam da aparência e resolveu se vestir e se apresentar da mesma forma. Todas as manhãs, ele parava em frente ao espelho e perguntava a si mesmo: "Eu me pareço com eles?".

Se a resposta fosse "não", ele voltava e trocava de roupa até sentir que parecia tão bem-vestido quanto os melhores. Bob começou a chegar ao escritório antes das 8:30 para organizar seu dia e, dessa forma, fazer as visitas assim que os clientes estivessem disponíveis para vê-lo.

Um dia, Bob pediu a um desses vendedores uma recomendação de livro ou audiolivro que pudesse ajudá-lo. E, como é típico de quem está no topo, ele prontamente ofereceu ajuda. Após receber a recomendação pedida, Bob imediatamente adquiriu o livro e o audiolivro. Bob os leu e ouviu e então foi conversar com o tal vendedor, que lhe deu outras indicações do que ler e ouvir. Mais uma vez, Bob seguiu todas as orientações.

Faça o que quem está no topo faz

Bob perguntou a outro vendedor como ele planejava o dia, e este lhe mostrou seu sistema de organização de tempo. Bob, então, começou a planejar e a organizar seu dia da mesma forma que os melhores vendedores faziam. Ao se inspirar nesses exemplos e replicar suas ações sempre que possível, Bob conseguiu marcar mais reuniões, visitar mais clientes potenciais e fechar mais vendas. Em seis meses, o próprio Bob se tornou um dos vendedores de mais destaque da empresa.

Logo, os vendedores mais experientes começaram a convidá-lo para cafés e almoços. Bob deixou de ser um vendedor júnior para se tornar parte desse grupo de sucesso. No ano seguinte, Bob participou de uma conferência nacional de vendas, onde teve a oportunidade de encontrar muitos dos maiores vendedores do país. Ele fazia questão de procurá-los e pedir seus conselhos: quais livros sugeriam? Quais programas educativos recomendavam? Quais seminários haviam frequentado? Quais estratégias consideravam mais eficazes para impulsionar suas vendas?

Siga os conselhos que recebe

Bob fez algo que poucos fazem: quando recebia conselhos, ele os seguia. Imediatamente, entrava em ação e então retornava aos que o haviam orientado, compartilhando os resultados.

Quatro anos depois, Bob se tornou ele mesmo um dos maiores vendedores de todo o país. Sua renda havia aumentado exponencialmente.

Ele agora vestia belas roupas, dirigia um carro novo, vivia em uma excelente casa e tinha uma adorável esposa. O segredo, segundo Bob, foi pedir orientações aos melhores e, depois, colocar essas sugestões em prática em suas atividades de vendas.

Mas veja que interessante: repetidas vezes, as pessoas do topo, aquelas que ganhavam prêmios como melhores vendedores ano após ano, disseram a Bob a mesma coisa, que ele havia sido a primeira pessoa a se aproximar delas e pedir conselhos. Ninguém mais as havia procurado para perguntar por que, afinal, elas eram tão bem-sucedidas.

Todas as respostas já foram encontradas

As respostas estão todas aí; as rotas para o sucesso, mapeadas. Tudo o que você precisa para chegar ao topo já foi aprendido por centenas, até milhares, de outras pessoas. E, caso peça o conselho dessas pessoas, elas lhe darão. Pessoas bem-sucedidas interromperão suas ligações, cancelarão compromissos e até deixarão de lado as próprias tarefas para apoiar quem busca o sucesso, mas, primeiro, *é preciso pedir e seguir os conselhos delas*. Se não for possível pedir diretamente, leia seus livros, participe de suas palestras e seminários, ouça seus programas educativos. Quem sabe enviar um e-mail pedindo conselhos? Enfim, aprenda com os melhores.

Estabeleça uma renda alta como meta

Se o seu objetivo é estar entre os 20% mais bem remunerados da sua área, a primeira coisa que precisa fazer é descobrir quanto essas pessoas estão ganhando atualmente. Essa é uma informação que está ao seu alcance. Pergunte. Confira as estatísticas da área. Dê um Google. Você conseguirá encontrá-la se procurar por ela.

Assim que identificar esse valor, anote-o como sua meta, elabore um plano para alcançá-la e trabalhe nele todos os dias. Não pare até chegar lá.

A fórmula para obter uma renda alta na área de negócios e vendas é simples: *aprenda e execute*. Assim como ao levantar um carro com um macaco, você se ergue pouco a pouco. A cada vez que aprende e executa uma nova habilidade, você eleva seu poder de gerar renda – e isso se solidifica. E, enquanto seguir aprimorando essas suas habilidades, subirá para níveis mais altos, dos quais dificilmente retrocederá.

Use a fórmula dos 3% para investir em você

Para garantir um sucesso duradouro, tome a decisão de investir 3% da sua renda de volta em você mesmo. Esse parece ser o número mágico para uma evolução sustentável. De acordo com a American Society for Training and Development, 3% é o percentual que 20% das empresas mais lucrativas de cada setor investem no treinamento e desenvolvimento de seus funcionários. Portanto, decida hoje investir 3% da sua renda em você mesmo, tornando-se um ativo valorizado e aumentando significativamente sua capacidade de gerar renda.

Se a sua meta de renda anual é de US$50.000, por exemplo, comprometa-se a investir 3% desse valor (ou seja, US$1.500) em você mesmo a cada ano para manter e aprimorar seu conhecimento e suas habilidades. Já se a sua meta é de US$100.000, invista US$3.000 por ano em si mesmo para garantir que atinja essa faixa de renda.

A recompensa é extraordinária

Eu ministrava um seminário em Detroit há alguns quando um rapaz, com por volta de trinta anos, aproximou-se de mim no intervalo.

O PODER DA AUTODISCIPLINA

Ele me contou que havia participado de outro seminário meu pela primeira vez dez anos atrás, quando ouviu a respeito da minha fórmula dos 3%. À época, ele havia abandonado a faculdade, morava com os pais, dirigia um carro velho e ganhava cerca de US$20.000 por ano como vendedor porta a porta. Depois do seminário, ele resolveu que passaria a aplicar a regra dos 3% em si mesmo e começou a fazer isso imediatamente.

Calculou que 3% de sua renda de US$20.000 seriam US$600. Começou, então, a adquirir livros sobre vendas e os lia todos os dias. Investiu em dois programas educacionais sobre vendas e gestão de tempo. Participou de um seminário de vendas. No fim, investiu todos os US$600 em si mesmo, focando em se tornar uma pessoa melhor.

Naquele mesmo ano, sua renda foi de US$20.000 para US$30.000, um aumento de 50%. Ele me revelou que podia reconhecer com exatidão como o aumento de sua renda estava diretamente ligado ao que aprendeu e aplicou dos livros que leu e dos programas educativos que ouviu.

No ano seguinte, investiu 3% dos US$30.000, um total de US$900, em si mesmo. Nesse ano, sua renda saltou de US$30.000 para US$50.000. Foi quando ele começou a raciocinar: "Se minha renda cresce 50% ao ano comigo investindo 3% dela em mim mesmo, o que aconteceria se eu investisse 5%?"

Não pare de elevar o padrão

Assim, no ano seguinte, ele investiu 5% da sua renda, US$2.500, em seu aprendizado. Participou de mais seminários, viajou de costa a costa do país para uma conferência, adquiriu mais cursos e até contratou um coach em um regime de meio período. Naquele ano, sua renda **dobrou** para US$100.000. Depois disso, como em uma partida de Texas Hold-Em, ele decidiu "apostar tudo" e aumentar seu investimento em si mesmo para 10% ao ano. Contou que tem feito isso desde então. Perguntei: "Como investir 10% da sua renda de volta em si mesmo afetou sua renda no geral?" Ele sorriu e respondeu: "Ultrapassei um milhão de dólares em renda pessoal no ano passado. E ainda continuo investindo 10% da minha renda em mim mesmo todos os anos".

Comentei: "Isso é muito dinheiro! Como você consegue gastar tanto em desenvolvimento pessoal?", ao que ele respondeu: "É difícil! Tenho que começar a gastar dinheiro comigo mesmo em janeiro para conseguir investir tudo até o final do ano. Tenho um coach de imagem, um coach de vendas e um coach de apresentação. Tenho uma grande biblioteca em casa com todos os livros, programas em áudio e vídeo sobre vendas e sucesso pessoal que consigo encontrar. Participo de conferências, tanto nacionais quanto internacionais, na minha área. E meus ganhos continuam aumentando a cada ano".

Três passos simples para se tornar o melhor

Tornar-se uma das pessoas mais destacadas da sua área exige mais disciplina e dedicação do que qualquer outra coisa. Veja estes três passos para se destacar:

1. *Leia todos os dias, por sessenta minutos, algo a respeito da sua área.* Desligue o rádio e a TV, coloque o jornal de lado e leia algo sobre sua área durante uma hora por dia.
2. *Ouça programas educacionais.* Dê play e pause à medida que ouve, para que possa *refletir* sobre o que acabou de escutar e *pensar* em como pode aplicar as ideias ao seu trabalho.
3. *Frequente cursos e seminários regularmente.* Corra atrás disso. Faça cursos online, no conforto da sua casa, que vão aprimorar suas habilidades e oferecer ideias que você pode usar para acelerar seu crescimento profissional.

O poder do aprendizado composto, assim como dos juros compostos, é realmente surpreendente. Quanto mais você aprende, mais **pode** aprender. Essa prática fortalece o cérebro, melhora a memória e aumenta a capacidade de reter informações. Com o tempo, você passa a fazer conexões cada vez mais rápidas entre o que aprendeu em diferentes momentos da vida.

Nunca pare de aprender e crescer.

A conquista da excelência

Quanto tempo leva para conquistar a excelência em sua área? De acordo com especialistas, a conquista da "excelência" requer por volta de sete anos ou 10.000 horas de trabalho duro. Sete anos para se tornar um excelente vendedor de sucesso. Sete anos para se tornar um excelente mecânico. Sete anos para se tornar um excelente neurocirurgião. Ao que parece, são cerca de sete anos, ou 10.000 horas de trabalho duro, para chegar ao topo de qualquer área. Então, o melhor é começar. O tempo vai passar de qualquer maneira.

O ponto de partida para essa conquista é o seu *compromisso com a excelência*. Nunca conheci alguém que tenha decidido ser um dos 20% melhores na sua área e não tenha conseguido. Da mesma forma, nunca conheci alguém que tenha alcançado isso sem antes tomar essa decisão. Tomar a decisão e, depois, sustentá-la com ações consistentes, intencionais e disciplinadas é fundamental.

Talento não é suficiente

Geoffrey Colvin, em *Desafiando o talento*, diz que a maioria das pessoas aprende o básico do trabalho no primeiro ano e, a partir daí, não evolui mais. Elas se acomodam. E, ao fazer isso, a única direção em que a vida segue é *ladeira abaixo*.

Quantos são aqueles que trabalharão em um emprego por vários anos sem conseguir se destacar acima da média. Farão seu trabalho das 8 às 17h, mas nunca levantarão um dedo sequer para aprimorar suas competências. Não investirão tempo aprendendo seu ofício, a menos que a empresa em que trabalham pague pela capacitação extra e lhes conceda tempo livre para isso.

A pessoa mediana realiza apenas um trabalho mediano. Como resultado, ganha um salário também mediano e passa a vida inteira preocupada com dinheiro. Jamais chega a se dar conta de que, com frequência, há apenas um fino véu separando a pessoa mediana da pessoa excelente. O fato é: "Se você não está melhorando, está piorando". Ninguém permanece no mesmo lugar por muito tempo.

Tenha em mente que apenas 2 horas por dia levarão você ao topo

Calcula-se que tudo o que você precisa investir são *2 horas extras* por dia para sair do mediano e chegar ao excelente. Apenas **2 horas extras** por dia levarão você de uma rotina preocupando-se em como pagar as contas para uma das pessoas mais bem pagas da sua área.

Ao ouvir isso, as pessoas costumam perguntar, imediatamente: "E onde é que conseguirei 2 horas a mais no meu dia?".

Simples: pegue um pedaço de papel e faça o cálculo a seguir.

- Calcule o número de horas em uma semana: 7 dias vezes 24 horas é igual a 168 horas.
- Se subtrair 40 horas para o trabalho e 56 para o sono, restam 72 horas.
- Se descontar 3 horas por dia (21 horas por semana) para se arrumar e ir e voltar do trabalho, isso lhe deixa 51 horas de tempo livre para usar como quiser.

- Se investir 2 horas por dia em você, 14 horas por semana, ainda terá 37 horas livre. O que dá uma média de mais de 5 horas por dia de tempo livre.

Dedique apenas 2 horas por dia para transformar sua performance de mediana para excelente, independentemente do que escolher fazer.

Aprender deve ser um hábito

A vantagem é que, quando você passa a ler sobre desenvolvimento pessoal e profissional, passa a ouvir programas educacionais no carro e a fazer cursos extras e aprimorar suas habilidades no tempo livre, em vez de ficar parado em frente à TV, acaba criando o hábito do aprendizado contínuo. Com o tempo, isso se tornará automático, e você passará a aprender e a desenvolver suas habilidades todos os dias e semanas sem esforço.

O adulto médio assiste por volta de 5 horas de televisão todos os dias. Para alguns, são 7 ou 8 horas. A primeira coisa que fazem pela manhã é ligá-la e assistir até a hora de ir para o trabalho. E voltam a ligá-la assim que põem os pés em casa novamente. Então assistem até 11 horas da noite ou meia-noite, indo para a cama, agora já sem tempo suficiente para ter uma boa noite de sono. Acordam na manhã seguinte e ligam a TV até se arrumarem para ir para trabalhar, assistem enquanto tomam café. De novo e de novo e de novo.

Você pode ser rico ou pobre: a decisão é sua

Sua televisão pode torná-lo rico ou pobre. Se você assistir à TV o tempo todo, ela certamente o tornará pobre. Psicólogos indicaram que, quanto mais tempo passamos diante da tela, mais nossos graus de energia e autoestima diminuem. Em um nível inconsciente, essa prática pode levar a uma percepção negativa de si mesmo, à medida que você se encontra, hora após hora, inativo na frente da tela. Quem assiste muita TV também tende a ganhar peso e a perder a forma física, por ficar sentado muito tempo seguido.

Sua televisão também pode tornar você rico – mas apenas se você a desligar. Quando desliga a TV, você ganha tempo, que pode ser usado para investir em se tornar uma pessoa melhor, mais inteligente, mais competente. Desligar a televisão na presença da sua família cria oportunidades de interação: você se verá conversando, compartilhando momentos e sorrindo com mais frequência. Com o tempo, ao mantê-la desligada por períodos mais longos, você começará a quebrar o hábito de assistir à televisão – e mal sentirá falta disso. A televisão pode ser uma excelente criada, mas é uma péssima mestra. A escolha está em suas mãos.

Aumente sua renda em 1.000%

Há uma fórmula de sete passos que você pode usar para um aumento de produtividade, desempenho, resultados e renda de 1.000% nos próximos dez anos. Ela funciona para todos que a seguem.

Primeiro, responda a esta pergunta: é possível aumentar sua produtividade e seu desempenho gerais em 1/10 de 1% (ou 1/1000) em um dia de trabalho completo? Sua resposta provavelmente será "sim". Se você conseguir gerenciar melhor o seu tempo e focar em tarefas mais importantes, facilmente conseguiria melhorar os resultados em 1/1000 em um único dia. Agora, no segundo dia, você conseguiria melhorar os resultados em 1/10 de 1% novamente? E a resposta, claro, é "sim".

Tendo aumentado seu desempenho em 1/10 de 1% na segunda e na terça-feira, seria possível continuar fazendo isso na quarta, quinta e sexta-feira? Novamente, a resposta é "sim".

0,5% por semana

Um décimo de 1% multiplicado por cinco dias por semana resulta em meio por cento por semana. É possível que uma pessoa normal, inteligente e trabalhadora aumente sua produção em meio por cento (1/200) em uma única semana? É claro que sim!

Depois de ter feito isso na primeira semana, você conseguiria manter o mesmo ritmo na segunda semana? É claro que sim!

Você poderia melhorar um milésimo de 1% por cinco dias semanais durante um mês inteiro? Se conseguir, isso significa que você estaria meio por cento melhor por semana multiplicado por quatro, ou seja, 2% mais produtivo em um mês inteiro.

Tendo se tornado 2% melhor em um mês, você conseguiria repetir isso no segundo mês? No terceiro mês? No quarto mês? E assim por diante?

26% melhor a cada ano

É claro que você conseguiria! Ao investir em si mesmo um pouco a cada dia – aprendendo novas habilidades, melhorando em suas tarefas principais, estabelecendo prioridades e focando em atividades de mais valor –, você pode tornar-se 26% mais produtivo ao longo de um ano.

Depois de alcançar esse objetivo no primeiro ano, você conseguiria fazê-lo no segundo e, em seguida, no terceiro? Poderia manter esse ritmo por dez anos? A resposta, claro, é sim. E, à medida que continua a investir no seu crescimento, o progresso se torna cada vez mais fácil, semana após semana, mês após mês.

Ao final de doze meses, você estaria 26% melhor. Se continuar a melhorar em 26% ao ano, ao final de dez anos, com a composição, você seria 1.004% mais produtivo. Sua renda aumentaria na mesma proporção. Essa fórmula funciona – se você fizer a sua parte.

Sete passos rumo ao topo

Aqui estão os sete passos da fórmula de 1.000%:

Passo 1: Acorde duas horas antes do seu primeiro compromisso ou antes de precisar estar no trabalho. Invista a primeira hora em si mesmo, *lendo* algo educacional, motivacional ou espiritual. Como dito por Henry Ward Beecher: "A primeira hora é o leme do dia".

Se começa o dia investindo a primeira hora em si mesmo, está programando sua mente para um dia excelente. Isso gera um aumento de positividade, criatividade, atenção e produtividade, começando no momento em que decide dedicar esse tempo ao seu desenvolvimento pessoal.

Dedicar uma hora por dia à leitura sobre sua área pode facilmente se transformar em aproximadamente um livro por semana. Um livro por semana se traduzirá em cinquenta por ano. Uma vez que o adulto médio lê menos de um livro de não ficção por ano, caso leia cinquenta livros da sua área em um ano, você acha que isso lhe daria uma vantagem na sua profissão? Acha que isso o colocaria à frente de praticamente todos os outros no seu ramo? Mas é claro que colocaria!

Se você lesse cinquenta livros por ano por dez anos, então seriam quinhentos livros que te ajudariam a melhorar sua produtividade, seu desempenho e sua renda. No mínimo, você precisaria de uma casa maior apenas para guardar seus livros. E teria condições de fazer isso!

Passo 2: Reescreva suas metas, todos os dias. Pegue um caderno e reescreva suas maiores metas no tempo presente todas as manhãs antes de começar as tarefas do dia, sem consultar o que escreveu no dia anterior. Esse processo de escrever e reescrever é a maneira de programar instruções no mecanismo de orientação da sua mente.

Reescrever suas dez principais metas a cada manhã faz com que você visualize e pense em formas de alcançá-las durante o dia. Você se torna mais focado, direcionado e com propósito. Seu senso de determinação aumenta, e você atinge seus objetivos muito mais rapidamente do que se fossem apenas desejos vagos flutuando na mente.

Escrever e reescrever seus objetivos todos os dias pode proporcionar o aumento de 1.000% ao longo de dez anos.

Passo 3: Planeje todos os dias com antecedência. Crie uma lista e defina prioridades no seu trabalho antes de iniciá-lo. Estabelecer prioridades e escolher a coisa mais importante que você pode fazer a cada momento é a chave para organizar a vida e dobrar de produtividade (falaremos em mais detalhes a respeito de técnicas de gerenciamento de tempo no Capítulo 12).

Passo 4: Discipline-se a concentrar seus pensamentos em apenas uma coisa. Escolha a tarefa mais importante para cada dia, comece a executá-la e continue até que esteja 100% concluída. Quando você transforma o foco e a concentração em um hábito, isso pode dobrar sua produtividade no próximo mês e gerar um crescimento de 1.000% nos próximos dez anos.

Passo 5: Ouça programas educacionais no carro. Um trabalhador médio que dirige passa de 500 a 1.000 horas por ano ao volante. Quando você transforma seu carro em uma "universidade sobre rodas" ou em uma "sala de aula móvel," obtém o equivalente educacional a um ou dois semestres universitários enquanto dirige de um lugar a outro.

Muitas pessoas saíram da pobreza para a riqueza simplesmente ouvindo programas educacionais no carro enquanto se deslocavam. Você pode fazer o mesmo. Isso já poderia proporcionar o aumento de 1.000% de que falamos.

Passo 6: Faça duas perguntas mágicas depois de cada reunião ou evento de que participar. Primeiro, pergunte a si mesmo: "O que eu fiz de certo?" Em seguida, pergunte-se: "O que eu faria de diferente?"

A primeira pergunta, "O que eu fiz de *certo*?" força você a refletir e a lembrar de todas as coisas certas que fez naquela última reunião, apresentação ou evento, mesmo que, por exemplo, não tenha fechado uma venda. Anote as respostas.

A segunda pergunta, "O que eu faria de *diferente*?" força você a pensar em todas as maneiras de *melhorar* seu desempenho em uma circunstância similar. Anote essas ideias também.

Em ambos os casos, ao revisar seu desempenho pensando no que fez de *certo* e no que poderia ter feito de *diferente*, você se programa para ter um desempenho ainda melhor da próxima vez. Esse é um dos exercícios de crescimento e desenvolvimento pessoal mais poderosos e rápidos que já descobri. Trata-se de um processo que acelera drasticamente a velocidade com que você subirá ao topo dos 20%.

Passo 7: Trate todas as pessoas que conhece como um cliente de um milhão de dólares. Trate cada pessoa que cruzar seu caminho, seja no ambiente doméstico, seja no profissional, como se ela fosse a mais importante do mundo. Ao tratar as pessoas como se elas fossem valiosas e importantes, elas, em retorno, tratarão você como uma pessoa também valiosa e importante. Vão querer se associar a você, trabalhar com você, comprar de você e apresentar você a outras pessoas.

E isso começa a ser feito na sua casa mesmo, com os membros da sua família. Lembre-se: essas são as pessoas mais importantes da sua vida. Então, quando você começa o seu dia de maneira positiva, fazendo com que elas se sintam importantes e dizendo-lhes o quanto as ama, vai se sentir mais positivo, relaxado e feliz pelo resto do dia.

Cerca de 85% do seu sucesso será determinado por quanto as pessoas o respeitam e gostam de você, em especial no mundo dos negócios e vendas. Nunca perca uma oportunidade de tratar bem as pessoas.

Ao praticar esses sete passos diariamente por um mês, será possível perceber mudanças significativas em diversas áreas, como trabalho, vida pessoal e renda. Após esse período de prática consistente, você estará formado um novo hábito de crescimento pessoal, com potencial para trazer impulsos positivos ao longo de toda a sua vida.

Seja o melhor!

A busca pelo desenvolvimento pessoal ao longo da vida e pela excelência exige grande empenho, disciplina e força de vontade. A maior recompensa disso é que, cada vez que você aprende e coloca em prática algo novo, seu cérebro libera *endorfinas*, fazendo você se sentir mais feliz e animado com o futuro.

No capítulo a seguir, falaremos sobre a importância da coragem, sobre como superar os medos e as dúvidas que impedem a maioria das pessoas de avançar. Por vezes, mesmo estando cientes do que precisamos fazer, nos falta a coragem para assumir os riscos que acompanham a tentativa de algo novo. Em vez disso, criamos desculpas para a falta de ação.

Exercícios práticos

1. Decida hoje investir em si mesmo e no seu aperfeiçoamento, como se seu futuro dependesse disso – porque depende.
2. Identifique suas maiores habilidades e avalie a qualidade e a quantidade dos resultados que você obtém no trabalho. Planeje-se para aprimorá-las constantemente.
3. Se, em passe de mágica, você pudesse tornar-se excepcional em uma habilidade, qual teria o maior impacto na sua capacidade de prosperar? Qualquer que seja a resposta, defina essa habilidade como uma meta, elabore um plano e dedique-se a ela diariamente.

4. Estabeleça como objetivo atingir um desempenho excelente no seu trabalho e defina exatamente o que você precisa fazer, todos os dias, para se posicionar entre os 20% melhores da sua área.
5. Projete os próximos três a cinco anos e identifique as habilidades e os conhecimentos necessários para liderar a sua área no futuro. Comece hoje mesmo a desenvolvê-los.
6. Inspire-se na pessoa mais admirável da sua área, aquela que você considera uma referência, e use-a como modelo para o seu próprio crescimento.
7. Assuma um compromisso com o aprendizado contínuo e garanta que nenhum dia passe sem que você faça algum progresso.

CAPÍTULO 6

Autodisciplina e coragem

*"Coragem é a resistência ao medo,
o domínio do medo. Não a ausência do medo."*
–Mark Twain

É preciso ter um alto nível de autodisciplina para lidar corajosamente com todos os eventos desencadeadores de medo da sua vida. Churchill resumiu essa ideia ao declarar: "A coragem é a primeira das qualidades humanas, pois dela todas as outras dependem".

Esse sentimento é algo natural e, em muitos casos, indispensável para garantir nossa segurança, tomar decisões financeiras prudentes e até mesmo evitar acidentes.

Bem, se todos temos medo em alguma medida, qual é a diferença entre a pessoa corajosa e a covarde? A única diferença é que a pessoa corajosa se disciplina a confrontar, a lidar com e a agir, apesar do medo. Em contraste, o covarde se permite ser dominado e controlado por ele.

Já foi dito, em referência à guerra, mas aplicável a qualquer contexto, que: "A diferença entre o herói e o covarde é que o herói resiste por cinco minutos mais".

Medos podem ser desaprendidos

Felizmente, todos os medos são *aprendidos*; ninguém nasce com medos. Medos podem, portanto, ser desaprendidos. E isso é feito praticando-se repetidamente a autodisciplina até que eles desapareçam.

Os medos mais comuns que experienciamos, que com frequência sabotam todas as nossas esperanças de sucesso, são os medos do fracasso, da pobreza e da perda de recursos financeiros. Tais medos fazem com que as pessoas evitem se arriscar de qualquer maneira e a rejeitar oportunidades quando estas lhes são apresentadas. Estão tão temerosas do fracasso que quase ficam paralisadas quando se trata de correr qualquer risco que seja.

Há muitos outros medos que interferem na nossa felicidade. As pessoas temem a perda do amor ou a perda de seus empregos ou de sua segurança financeira. Temem o constrangimento de passar pelo ridículo. Temem rejeição e críticas de qualquer tipo. Temem a perda do respeito ou da estima dos outros. Esses e muitos outros medos acabam por nos refrear ao longo da vida.

O medo bloqueia a ação

A resposta mais comum diante de uma situação de medo é a sensação de "Eu não consigo!". Trata-se do temor ao fracasso e à perda, que nos paralisa. Esse medo se manifesta fisicamente, começando no plexo solar. Quando estão realmente assustadas, as pessoas podem sentir a boca e a garganta secas, o coração acelerado, a respiração ofegante, o estômago revirado e até a necessidade urgente de ir ao banheiro.

Essas são todas manifestações físicas de um padrão de hábito negativo que é inibidor, algo que experimentamos ocasionalmente. Sempre que alguém é dominado pelo medo, essa pessoa se sente como um cervo paralisado pelos faróis de um carro. Incapacitante, o medo desliga a mente e ativa a resposta automática de "luta ou fuga". O medo é uma emoção terrível que mina nossa felicidade e pode nos limitar ao longo da vida.

Faça o oposto

Aristóteles descreveu a coragem como o "justo-meio" entre os extremos da covardia e da impetuosidade. Ele ensinava que "para desenvolver uma qualidade que lhe falta, aja como se já a possuísse sempre que ela for necessária". Em termos modernos, dizemos: "Finja até se tornar realidade".

É possível, de fato, mudar o seu comportamento afirmando, visualizando e agindo como se já tivesse a qualidade desejada. Ao afirmar, ao repetir as palavras "Eu consigo!" enfaticamente sempre que se sentir com medo, por qualquer motivo, você pode cancelar o sentimento de "Eu não consigo".

Todas as vezes que repete as palavras "Eu consigo!" com convicção, você se sobrepõe ao medo e aumenta a sua confiança. Cada repetição dessas reforça sua confiança, permitindo que a coragem floresça e leve à superação do medo.

Visualize-se como alguém destemido

Quando você se vê agindo com confiança em uma situação temida, sua mente subconsciente passa a assimilar essa imagem como uma *instrução* para o seu desempenho. Isso leva a uma mudança gradual na sua autoimagem – a forma como você se vê e pensa sobre si mesmo –, pois você começa a alimentar sua mente com representações positivas de si mesmo agindo com excelência.

Ao aplicar o método "aja como se", você passará a andar, falar e se comportar como se fosse completamente *destemido*. Caminhará com postura ereta, sorrirá, movendo-se com agilidade e confiança, agindo, em todos os aspectos, como se já possuísse a coragem que deseja.

A Lei da Reversibilidade explica que "se você sente algo, agirá conforme esse sentimento". Porém, se você agir como se já tivesse esse sentimento, mesmo sem o ter inicialmente, pode fazer com que surja o sentimento correspondente.

Esse é um dos maiores avanços na psicologia do sucesso. Você *desenvolve* a coragem que deseja ao se disciplinar repetidamente para enfrentar aquilo que teme, até que o medo uma hora desapareça – e ele desaparecerá.

Derrote o medo

Trabalhando com empresas de vendas, é comum que me perguntem como auxiliar um vendedor a sair de um período de baixo desempenho, especialmente em momentos de instabilidade econômica. Uma solução simples e sempre eficaz que sugiro é o "Método das 100 Abordagens". A ideia é incentivar o vendedor a abordar cem potenciais clientes no menor tempo possível, sem, a princípio, se preocupar com a concretização de vendas.

Sem a pressão de garantir uma venda, o medo da rejeição diminui drasticamente. O profissional passa a focar menos no interesse do cliente potencial e mais em alcançar um único objetivo: completar as cem abordagens o mais rápido que conseguir.

Uma das empresas de vendas com as quais trabalho oferece um prêmio diário para o primeiro vendedor que for rejeitado dez vezes a cada manhã. Às 8h30, todos se sentam às mesas e começam a fazer ligações para tentar ganhar o prêmio. Quando o concurso termina, geralmente por volta das 10h, o medo da rejeição já foi completamente eliminado, e eles estão prontos para ligar para clientes potenciais o dia inteiro, sem se importar com as reações que recebem.

Aprenda a falar em qualquer situação

Em 1923, nascia a Toastmasters International. Seu propósito era ajudar pessoas que tinham medo de falar em público a se tornarem confiantes e competentes ao se apresentar diante de uma audiência.

De acordo com *O livro das listas*, 54% dos adultos classificam o medo de falar em público como maior que o medo da morte. Mas a Toastmasters International tinha uma solução. Eles criaram um sistema baseado no que os psicólogos chamam de "dessensibilização sistemática".

Uma vez por semana, em um almoço ou jantar, pequenos grupos de Toastmasters se reúnem. Cada pessoa é convidada a se levantar e fazer uma breve apresentação sobre um tema específico na frente dos colegas. Ao final de cada fala, o palestrante recebe aplausos, feedback positivo e comentários dos outros membros. No final do encontro, os participantes ganham uma nota pela sua apresentação, mesmo que tenha durado apenas trinta ou sessenta segundos.

Após seis meses participando das reuniões da Toastmasters, o indivíduo terá se levantado e falado vinte e seis vezes, recebendo aplausos e feedback positivo a cada vez. Graças a esse reforço positivo contínuo, sua confiança aumenta drasticamente, e, como resultado desse processo, inúmeros Toastmasters se tornaram excelentes oradores públicos e pessoas de destaque em seus negócios, organizações e comunidades. O medo de falar em público se foi para sempre.

Elimine dois medos de uma só vez

Psicólogos descobriram que certos medos estão agrupados na mente subconsciente, como fios em um mesmo circuito. Portanto, se você supera seus medos em um ponto, também elimina outros medos no mesmo circuito.

O medo da rejeição ou a relutância em fazer reuniões ou visitas parece estar intimamente ligado ao medo de falar em público. Quando você se disciplina a participar da Toastmasters ou a fazer um curso de Dale Carnegie para aprender a falar com confiança, por exemplo, seus medos de rejeição também desaparecem. Seu nível de autoconfiança em todas as interações com os outros aumenta drasticamente. Sua vida inteira muda de maneira positiva.

Confronte seus medos

A capacidade de confrontar, de lidar com e de agir apesar dos seus medos é a chave para a felicidade e o sucesso. E um dos melhores exercícios nesse sentido que você pode fazer é identificar uma pessoa ou situação na sua vida da qual tem medo e decidir lidar com esse medo imediatamente. Não permita que isso faça você infeliz por nem mais um minuto. Determine-se a confrontar a situação ou a pessoa e deixe o medo para trás.

> Em um de meus seminários, uma mulher relatou que enfrentava dificuldades com seu chefe, uma pessoa muito negativa que a tornou alvo constante de críticas e repreensões, mesmo ela sendo uma das funcionárias mais bem avaliadas da empresa. Esse homem estava fazendo da vida dela um tormento. Ela não queria largar o emprego, mas tinha medo de confrontá-lo, então me perguntou o que fazer.
>
> Dei-lhe o conselho a seguir, o mesmo que depois dei a tantos outros: a única razão pela qual uma pessoa intimida outra é por sentir que ela pode se safar disso. A única maneira de lidar com um valentão é confrontá-lo. Sujeitos do tipo são, na verdade, covardes, que sairão correndo quando confrontados.
>
> Sugeri que ela respondesse o seguinte na próxima vez que o chefe a criticasse por qualquer motivo: "Senhor, peço, por favor, que não volte a falar comigo dessa maneira. Isso não apenas me magoa, mas também prejudica meu desempenho, algo que sei ser importante para o senhor".
>
> Orientei que mantivesse contato visual ao dizer essas palavras. Tempos depois, recebi uma mensagem relatando o desfecho.
>
> Com uma dose admirável de coragem, ela decidiu não suportar mais a situação e, na próxima ocasião em que foi criticada, posicionou-se e falou exatamente o que combinamos. Como imaginei, ele se interrompeu de imediato, pediu desculpas de maneira apressada e se retirou para o escritório. Desde então, nunca mais a criticou.
>
> Ela ainda comentou como poderia ter resolvido a situação muito antes, se tivesse enfrentado o problema logo no início.

Como dito por Eleanor Roosevelt: "Ninguém pode fazer você se sentir inferior sem o seu consentimento".

Mova-se em direção ao medo

Ao identificar um medo e se disciplinar a enfrentá-lo, esse medo se tornará cada vez menor e mais manejável. E mais: conforme o medo diminui, a confiança aumenta. Em breve, seus medos perderão o controle que exercem sobre você.

Em contraste, quando recua de uma situação ou pessoa que provoca medo, seu medo *cresce mais e mais*. Logo, ele domina seu pensamento e suas emoções, ocupa sua mente durante o dia e muitas vezes te impede de dormir à noite.

Líderes têm dois tipos de coragem

Na liderança, a qualidade mais frequentemente observada é a da *visão*. Líderes têm uma visão clara da direção em que desejam levar seus negócios. Líderes também têm uma visão clara de onde pretendem estar em sua vida pessoal em um momento futuro específico.

A segunda qualidade mais comum entre os líderes é a da *coragem*. Líderes têm coragem de fazer o que for necessário para alcançar a visão de que falamos. Líderes tomam a frente e se recusam a retroceder.

São dois os tipos de coragem de que você precisa.

Primeiro, você precisa da coragem para *dar o pontapé inicial*, para *agir*, para dar um voto de confiança em si mesmo. É necessário ter a coragem de "ir com tudo", sem nenhuma garantia de sucesso e com uma alta probabilidade de fracasso, pelo menos no curto prazo. O grande erro que impede a maioria das pessoas é que, apesar de todas as suas melhores intenções, elas não têm coragem para dar o primeiro passo.

O segundo tipo de coragem de que você precisa é chamado de "paciência corajosa". Trata-se da capacidade de se manter firme, de continuar trabalhando e lutando após se entregar completamente a algo, antes de ver qualquer resultado ou recompensa. Muitos são aqueles que até conseguem reunir coragem para agir em direção a uma nova meta, mas, na ausência de resultados imediatos, logo desanimam e se afastam, em busca de segurança e conforto. Carecem de *resistência*.

Lide diretamente com o medo

A única forma de superar um medo é enfrentá-lo. Muitas pessoas preferem negar que têm um problema causado por algum medo, por receio de confrontá-lo. Porém, isso acaba se tornando uma grande fonte de estresse, insatisfação e doenças psicossomáticas.

Esteja disposto a lidar com a situação ou a pessoa diretamente. Como dito por Shakespeare: "Tomar armas contra um mar de obstáculos e, enfrentando-os, vencer".

A companheira do medo é a preocupação. Nas palavras de Mark Twain: "Já me preocupei com muitas coisas em minha vida. A maioria delas nunca existiu".

Estima-se que 99% das coisas com as quais você se preocupa nunca chegam a acontecer, e a maioria das que acontece, acontece tão rapidamente que você nem mesmo tem tempo para se preocupar com elas.

O relatório de desastres

Sempre que estiver preocupado com alguma coisa, preencha um "relatório de desastres" sobre a situação. Isso ajudará a dissipar o medo e a preocupação quase instantaneamente. Esse relatório, por vezes chamado de "destruidor de preocupações", divide-se em quatro partes:

- *Primeiro, defina a fonte causadora de preocupação.* O que exatamente te preocupa? Muitas vezes, ao dedicar um tempo para compreender a fundo a situação que causa a apreensão, a solução para o problema se torna evidente.
- *Segundo, identifique o pior cenário possível* se essa situação preocupante se confirmar. Você perderia o emprego? Terminaria um relacionamento? Perderia dinheiro? Qual é a pior coisa que poderia acontecer? Seja claro a respeito disso. Em muitos casos, perceberá que, mesmo no pior dos cenários, isso não arruinaria sua vida. Pode ser inconveniente ou desconfortável? Sim. Mas, mais cedo ou mais tarde, a recuperação viria. Você descobrirá que provavelmente não vale toda a preocupação que tem dedicado a isso.
- *Terceiro, aceite as possíveis consequências.* Diga para si: "Se isso acontecer, não será o fim do mundo e eu darei um jeito". Grande parte do estresse vem da negação, do não querer encarar o pior cenário possível. Contudo, uma vez que você aceita o pior (caso ele ocorra), a preocupação e o estresse tendem a desaparecer.
- *Quarto, comece já a trabalhar para melhorar o pior cenário.* Tome todas as medidas possíveis para garantir que o pior desfecho possível não chegue a acontecer. Aja de imediato. Faça algo. Siga em frente.

O verdadeiro antídoto

Em última análise, a única cura real para o medo ou a preocupação *é a ação disciplinada e direcionada às suas metas*. Mantenha-se tão ocupado perseguindo suas metas ou dedicando-se à solução dos seus problemas que não terá tempo para se preocupar ou temer.

Ao exercitar a coragem e encarar as situações que provocam medo, sua autoestima se eleva, seu respeito por si mesmo cresce e seu orgulho pessoal se fortalece. Com o tempo, você se torna *imune* ao medo.

Uma vez encontrada a coragem, você precisa reforçar a autodisciplina da *persistência*, que será explorada no próximo capítulo.

Exercícios práticos

1. Identifique seus três maiores medos na vida, neste momento. Quais são eles?
2. Determine o que você faria em relação a cada um desses medos se tivesse a garantia de sucesso em superá-los. Quais ações tomaria?
3. O que sempre quis fazer, mas teve medo de tentar? O que faria de diferente se soubesse que teria sucesso garantido?
4. Em quais três áreas da vida pessoal e profissional você mais experiencia os medos do fracasso e da perda? Quais passos poderia dar agora para enfrentar e eliminar tais medos?
5. Em quais três áreas da vida você mais experiencia os medos da crítica, da rejeição ou do constrangimento? Como poderia enfrentar esses medos e superá-los?
6. Qual grande objetivo você estabeleceria para si mesmo se soubesse que não poderia falhar?
7. O que faria de diferente na vida se tivesse vinte milhões em sua conta bancária, mas apenas mais dez anos de vida?

CAPÍTULO 7

Autodisciplina e persistência

> *"Cuidado ao tentar alcançar a grandeza rapidamente. Apenas uma tentativa em dez mil sai-se exitosa. São probabilidades aterradoras."*
>
> –Benjamin Disraeli

A persistência é a autodisciplina em ação. Sua capacidade de persistir face a todos os contratempos e fracassos temporários é essencial para o sucesso na vida.

Nas palavras de Napoleon Hill: "Persistência é para o caráter do homem o que o carbono é para o aço". A razão primeira para o sucesso é a persistência, assim como a razão primeira para o fracasso é a falta de persistência.

Há uma ligação direta entre autodisciplina e autoestima. Quando você se compromete a fazer o que é necessário, independentemente da disposição sentida, sua autoestima cresce. Isso também explica a conexão entre autoestima e persistência: no esforço feito para continuar, mesmo diante da tentação de desistir, sua autoestima se eleva.

E cada ato de autodisciplina fortalece todos os outros atos de autodisciplina. E cada ato de persistência fortalece todos os outros atos de persistência. Ao se disciplinar a persistir, você passa a se gostar e a se respeitar mais e mais. Você se torna forte e confiante, tornando-se, finalmente, *imparável*.

A recompensa pela persistência

A persistência é a própria recompensa por tê-la. Toda vez que se força a persistir em alguma tarefa, seja de pequenas ou grandes proporções, você se sente mais feliz e melhor consigo mesmo.

Quando vai além, fazendo mais do que pelo qual é pago ou mais do que se espera de você, sua autoestima também se fortalece. Isso traz uma sensação de poder e controle sobre a vida. Na sua carreira, quando você se esforça além do esperado, alinha-se com o que é certo. A principal diferença entre vencedores e perdedores é simples: os vencedores persistem, enquanto quem desiste jamais vence.

Falar consigo mesmo de maneira positiva pode fortalecer sua capacidade de persistir. Afirme: "Eu sou imparável". Programe sua mente previamente dizendo "Eu nunca desisto" sempre que estiver prestes a se lançar em um grande projeto.

Antes de conquistar qualquer coisa valiosa na vida, é preciso passar no "teste de persistência", geralmente um "teste-surpresa" que surge de maneira inesperada, sem aviso prévio. De repente, você se depara com um grande revés, problema, fracasso temporário ou até mesmo um desastre completo. Quando isso acontecer, lembre-se de que se trata do "período de teste". É quando mostra sua essência, quando mostra a si mesmo e aos outros a força do seu caráter e a verdadeira determinação que tem em vencer.

Sua capacidade de reagir

A capacidade de reagir efetivamente a reveses é o indicador do quão preparado está para alcançar o sucesso. Ao passar por um grande problema ou contratempo, você se sentirá atordoado por uns instantes. Essa sensação é muito parecida com um soco no plexo solar emocional, que te paralisará por alguns segundos ou minutos. Durante esse período, é comum sentir desânimo ou até autopiedade. Você pode pensar: "Por que eu? Por que comigo?".

O que realmente importa não é a queda, mas, sim, a escalada. Seu objetivo é se recuperar o mais rapidamente possível. A resiliência diante de reveses inesperados é essencial para o sucesso no longo prazo. Lembre-se do credo do guerreiro: "Vou cair e sangrar por um tempo, mas me levantarei para lutar outra vez".

Não fique surpreso, chocado ou recue quando as coisas derem errado. Mesmo os planos mais bem elaborados frequentemente desmoronam. Em vez disso, *espere* por decepções e contratempos como parte da vida. Respire fundo, reúna forças e siga em frente.

Otimismo gera resiliência

Uma das chaves para o sucesso e a persistência é o *otimismo*. Ele vem de uma confiança absoluta em si mesmo e na sua capacidade de ter êxito. Para permanecer otimista, você deve controlar e disciplinar seu pensamento quando as coisas derem errado. Recuse-se a sentir pena de si mesmo, afinal você não é uma *vítima*. Você é uma pessoa adulta, no controle da própria vida. Você está fazendo o que deliberadamente escolheu fazer. Contratempos fazem parte do caminho. São apenas lombadas na estrada para o sucesso.

Recuse-se a culpar os outros ou a dar desculpas. Quando reclama ou culpa os outros, isso apenas faz com que se sinta (e também aparente ser) alguém digno de pena; e, pior, tira de você seu poder pessoal. Sempre que critica ou reclama, isso te enfraquece, te deixa menos capaz de efetivamente lidar com a situação. Em vez disso, encare cada contratempo repetindo: "Eu sou responsável". Procure as razões pelas quais você é responsável pelo que aconteceu, em vez de tentar atribuir a culpa a outras pessoas. Chega de desculpas.

Seja proativo, não reativo

Foque na *solução* e no que pode ser feito *agora*, em vez de no que aconteceu e em quem é o culpado. Pense nas ações que você pode tomar para resolver o problema em vez de no que deu errado e quem deve ser responsabilizado.

Para se manter otimista, veja o lado *bom* de toda situação. Ao procurar por algo bom, você sempre encontrará algo bom. Mais do que isso, ao focar no positivo, uma vez que sua mente consegue reter apenas um pensamento por vez, você se tornará automaticamente mais otimista e voltará a se sentir no controle.

Busque a *lição valiosa* contida nas dificuldades. Todos os revezes que você enfrenta contêm uma ou mais lições, que, se compreendidas, te ajudarão a ser mais bem-sucedido no futuro.

E aqui está mais uma diferença entre os bem-sucedidos e os fracassados: enquanto os últimos sentem pena de si mesmos quando as coisas não dão certo, os primeiros buscam a lição valiosa que pode ser tirada disso.

Procure pelo presente

Norman Vincent Peale costumava dizer: "Quando Deus quer lhe enviar um presente, ele o embrulha em um problema. Quanto maior o presente que Deus deseja lhe enviar, maior é o problema em que ele o embrulha".

Em vez de focar no embrulho, no problema, abra o *presente*. Você sempre o encontrará. O valor do presente (ou da lição aprendida) muitas vezes supera o custo do próprio problema. Por vezes, a lição que você tira ao enfrentar uma dificuldade se torna a chave para o seu sucesso no longo prazo. Como dito por Napoleon Hill: "Dentro de cada problema ou obstáculo está a semente de uma oportunidade ou benefício igual ou maior. Sua missão é encontrá-la".

Nunca deixe de pensar em si mesmo como uma pessoa forte, poderosa e resoluta diante de uma adversidade. Na Primeira Guerra Mundial, um general britânico foi descrito da seguinte forma por seus superiores: "E lá está ele, como uma estaca de ferro cravada no solo congelado, inabalável".

Que essa seja uma descrição precisa de você sempre que enfrentar dificuldades ou problemas de qualquer natureza. Permaneça firme como uma estaca de ferro cravada no solo congelado.

Comprometa-se de antemão

Quando se compromete de antemão a jamais desistir, seu sucesso está praticamente garantido. No fim das contas, nada pode realmente te parar, exceto *você mesmo*.

Na vida, o que realmente importa não é o número de vezes que você cai, mas, sim, quantas vezes se levanta. Se continuar a se reerguer e seguir em frente, certamente atingirá seu objetivo.

Sempre que exerce autodisciplina e persiste diante da adversidade, sua autoestima e autoconfiança aumentam. Com isso, você se sente mais forte, mais poderoso. *Imparável*. E, ao se sentir mais fortalecido, sua resiliência aumenta a cada dificuldade superada.

Ao se disciplinar para persistir diante de toda adversidade, você coloca sua vida em uma espiral ascendente de autoestima, autodisciplina e persistência, até se tornar uma verdadeira força da natureza.

A persistência é a autodisciplina em ação.

Na Parte Dois deste livro, você descobrirá ações práticas que pode adotar para aplicar esses princípios, alcançar mais sucesso no trabalho e na carreira e realizar seu potencial nos meses e anos por vir.

Exercícios práticos

1. Identifique uma área da sua vida em que precise demonstrar mais persistência para alcançar sua meta e, em seguida, tome uma ação concreta nesse sentido.
2. Reflita sobre uma meta que você não alcançou por não ter persistido até o fim. Quais ações você pode tomar agora para ter sucesso?
3. Pense em uma grande meta que conquistou, graças à sua persistência e à decisão de não desistir, não importa o quão desafiador tenha sido.
4. Defina sua meta principal na vida, aquela que, ao ser atingida, causará o maior impacto positivo na sua vida.
5. Escreva sua meta de maneira clara, elabore um plano de ação detalhado para alcançá-la e, em seguida, diga a si mesmo que falhar não é uma opção.
6. Decida agora que persistirá até o sucesso, aconteça o que acontecer, pois você é "imparável".
7. Decida definir e alcançar uma meta importante, superando as inevitáveis dificuldades, problemas e contratempos que encontrará, e trabalhe nisso até ter sucesso. Repita esse processo várias vezes até que a persistência se torne um hábito.

PARTE II

Autodisciplina em Negócios, Vendas e Finanças

CAPÍTULO 8

Autodisciplina e trabalho

> "As pessoas não nascem líderes, elas aprendem a ser líderes. E esse aprendizado ocorre, como todos os outros, por meio do trabalho. É esse o preço que teremos de pagar para alcançar esse objetivo, ou qualquer outro".
>
> –Vince Lombardi

Talvez não haja nenhuma outra área na sua vida em que a disciplina tenha um impacto mais significativo sobre o futuro do que no trabalho. Ainda assim, se é como a maioria das pessoas, desde o momento em que inicia suas atividades até o final do dia, você se vê rodeado por pessoas e situações que desviam sua atenção do que realmente importa. Contudo, é justamente focando no que é essencial que você progride de maneira rápida e consistente na carreira.

Uma pesquisa realizada com um grupo de executivos seniores tinha a seguinte pergunta norteadora: "Quais são as qualidades mais importantes para que alguém seja promovido na sua empresa?" O total de 85% dos participantes concordou que as qualidades essenciais são:

1. a capacidade de definir prioridades e trabalhar em tarefas de alto valor; e
2. a disciplina para concluir essas tarefas com rapidez e qualidade.

Ao que parece, essas duas qualidades são mais úteis para o sucesso profissional do que qualquer outra ação que uma pessoa possa realizar. A partir do momento em que adota uma abordagem de trabalho diligente, disciplinada e focada, você se torna mais produtivo e consistente, o que contribui para atender ou até mesmo superar expectativas. Isso, por sua vez, o leva a ser mais bem remunerado e a receber promoções com mais rapidez ao longo da carreira do que um funcionário mediano.

Diferencie o relevante do irrelevante

Mencionei o Princípio de Pareto – a regra 80/20 – diversas vezes neste livro, e, aqui, ele é novamente aplicável. Aproximadamente 80% dos resultados que você obtém virão de 20% das atividades que executa. Sua missão, portanto, é identificar esses 20% prioritários e concentrar-se em concluí-los bem e com rapidez. No Capítulo 13, abordaremos o gerenciamento de tempo com mais detalhes, mas agora vejamos o oposto do bom gerenciamento de tempo: o *mau* uso do tempo. Segundo a Robert Half International, o funcionário médio *desperdiça* cerca de 50% do tempo com atividades não relacionadas ao trabalho.

- 37% do horário de trabalho é desperdiçado em conversas que nada têm a ver com as tarefas laborais.
- Os outros 13% de desperdício de tempo são consumidos ao chegar atrasado ou sair mais cedo, alongar pausas para almoço e café, passar tempo na internet, ler jornais ou tratar de assuntos pessoais durante o expediente.

Um fato ainda pior: quando pessoas que costumam desperdiçar muito tempo finalmente começam a trabalhar, elas tendem a dedicar tempo demais a atividades de baixo valor. Como resultado, poucas tarefas concluem, gerando uma sensação constante de pressão para se atualizar.

Ao desperdiçar tempo no trabalho, não é como se suas responsabilidades simplesmente desaparecessem. Na verdade, elas se acumulam, como uma avalanche em formação. Os prazos se aproximam cada vez mais, o estresse aumenta, até que você se vê forçado a fazer o trabalho, muitas vezes, no último minuto, o que geralmente resulta em erros dispendiosos.

Desenvolva uma excelente reputação

Nada chama mais a atenção de pessoas que podem te ajudar do que desenvolver uma reputação de trabalho árduo e disciplinado, a cada hora do seu dia.

Empregados medianos geralmente veem um aumento de renda de apenas 3% ao ano, que é aproximadamente a taxa de inflação ou do aumento do custo de vida. Isso significa que, se você é um empregado mediano, não está, na realidade, ganhando mais de um ano para o outro; está apenas compensando suas despesas. Em contrapartida, os 20% melhores profissionais nas mais variadas áreas conseguem aumentar sua renda entre 10% e 25% ao ano – o que também se acumula ano após ano.

E esses 20% melhores são responsáveis por 80% da receita gerada. Já os 80% restantes não têm alternativa a não ser dividir os 20% que sobram, contentando-se com as migalhas que caem das mesas dos profissionais altamente produtivos.

> Você *pode* dobrar sua renda!
> Quando digo às pessoas em meus seminários que elas deveriam estabelecer para si a meta de "dobrar de renda" nos meses e anos seguintes, elas costumam reagir de maneiras diferentes. Muitas vezes,

durante os intervalos, alguém vem até mim e diz: "Você não tem noção de como é a empresa em que trabalho. Não há como dobrar minha renda lá. Eles jamais me pagariam essa quantia".

Já tendo ouvido isso antes, faço a seguinte pergunta: "Existe **alguém** na sua empresa que ganha o dobro que você?".

A pessoa com quem estou falando sempre concorda: "Sim, há gente ganhando duas ou até três vezes mais do que eu".

E é então que faço a pergunta-chave: "Quer dizer que a sua empresa está disposta a pagar o dobro para **algumas** pessoas. Ela só não está disposta a pagar o **dobro** para você. Por que será?"

A ficha de repente cai. Esse indivíduo percebe que não é a **empresa** que não está disposta a pagar mais. É o próprio **indivíduo** quem não está contribuindo o suficiente para justificar esse aumento. A responsabilidade é **dele**, não da empresa.

O Princípio das Três Prioridades te ajuda a organizar as atividades

Quando orientamos empreendedores e executivos, aplicamos um exercício que visa ajudá-los a dobrar de produtividade, desempenho e resultados em até doze meses – em alguns casos, até mesmo em trinta dias. É simples. Veja como funciona.

Primeiramente, elabore uma lista de tudo o que você faz em uma semana ou em um mês, desde o momento em que começa a trabalhar na segunda-feira de manhã até o final da semana. Anote tudo, das tarefas mais corriqueiras às mais complexas, incluindo quando checa seus e-mails e retorna ligações.

Revise essa lista e se faça a seguinte pergunta:

"Se eu pudesse executar apenas uma atividade desta lista, o dia inteiro, qual contribuiria mais para a minha empresa?"

Conforme passar os olhos pela lista, é provável que a resposta correta salte aos seus olhos. Qualquer que seja o item, circule-o.

Em seguida, faça a segunda pergunta:

> "Se eu pudesse executar apenas **duas** atividades desta lista, o dia inteiro, qual seria a segunda atividade que mais contribuiria para a minha empresa?"

Revise mais uma vez a lista e identifique a segunda tarefa mais importante em termos de contribuição para a sua empresa.

Por fim, pergunte-se:

> "Se eu pudesse executar apenas **três** atividades desta lista, o dia inteiro, qual seria a terceira tarefa?"

Chamamos isso de "Princípio das Três Prioridades". Esse princípio estabelece a existência de três atividades primárias executadas por você que são responsáveis por 90% ou mais do seu valor para a empresa em que trabalha. Sua tarefa é identificar essas três atividades essenciais e se disciplinar a executá-las ao longo do dia. Todas as demais são classificadas como tarefas de apoio, complementares, de descontração ou mesmo inúteis. Trata-se de coisas triviais que talvez você tenha se acostumado a fazer para evitar inconscientemente as tarefas prioritárias e complexas que realmente podem ter um impacto significativo no seu trabalho e na sua carreira.

Calcule sua hora de trabalho

Outra maneira de dobrar de renda é usar o método da "hora de trabalho" para calcular seu valor pessoal e a alocação do seu tempo. Comece determinando o valor atual da sua hora de trabalho. Para isso, divida a sua renda anual por 2.000 (aproximadamente o número de horas trabalhadas por ano por empreendedores ou executivos, considerando uma média de 40 horas por semana ao longo de 50 semanas no ano).

Por exemplo, se sua renda anual for de US$50.000, dividindo por 2.000, sua hora de trabalho será de US$25. Caso sua renda anual seja de US$100.000, essa hora de trabalho sobe para US$50.

Independentemente do valor, a partir desse cálculo, comprometa-se a realizar apenas tarefas que correspondam ao valor da sua hora ou mais. Evite tarefas que poderiam ser delegadas a outras pessoas por um custo menor. Não se permita desperdiçar tempo em atividades de pouco ou nenhum valor enquanto tarefas mais importantes se acumulam.

Estabeleça prioridades junto ao seu superior

Após listar todos os resultados que acredita ter sido contratado para alcançar e identificar as três atividades mais importantes que justificam seu valor por hora, leve essa lista ao seu chefe. Peça-lhe que as ordene de acordo com as prioridades da empresa. Esse passo é essencial para garantir que você esteja alinhado com as expectativas e os objetivos do seu superior. Como disse Benjamin Tregoe, cofundador da consultoria Kepner-Tregoe e autor de *O administrador racional*: "O pior uso do tempo é fazer muito bem o que não precisa ser feito".

Ainda assim, é surpreendente o número de pessoas que se dedicam a tarefas que são de pouco ou nenhum valor para seus chefes. Não importa o quanto execute bem uma *atividade irrelevante*, isso não trará benefícios. Pior ainda, concentrar-se em tarefas de baixo valor bloqueia sua capacidade de focar no que realmente importa. Empenhar-se na tarefa errada pode, de fato, *sabotar* sua carreira.

Os melhores dias de trabalho serão aqueles nos quais você se dedicar às tarefas que seu chefe considera mais importantes. Em contrapartida, os piores dias serão aqueles em que houver desacordo entre vocês, especialmente porque você não está cumprindo as tarefas consideradas prioritárias por ele e que também impactam a carreira dele.

Sua meta é ser mais rapidamente promovido e mais bem remunerado. Sua meta é se tornar uma das pessoas mais valiosas e bem pagas da sua área. Sua missão é, em primeiro lugar, tornar-se uma pessoa valiosa e, em seguida, *indispensável* para a sua empresa. Isso requer, acima de tudo, que esteja sempre trabalhando nas tarefas que seu superior considera prioritárias.

Trabalhe o tempo todo que você trabalha

A chave para dobrar sua produtividade e seus resultados – e, com o tempo, sua renda – é realmente *trabalhar* o tempo todo em que estiver no trabalho. Resumindo: no trabalho, *trabalhe*. Não perca tempo. Não procrastine. Não fique jogando conversa fora com os colegas ou sentado tomando café em algum canto. Não pare para ficar lendo jornal ou mexendo na internet. Quando chegar ao trabalho pela manhã, mantenha-se focado e produtivo do início ao fim.

As maiores distrações no ambiente de trabalho geralmente vêm de colegas que interrompem seu ritmo com conversas e pedidos que lhe tomam tempo e desviam sua atenção das tarefas de alto valor. Se alguém se aproximar com um "Você tem um minutinho?", responda educadamente: "Claro, mas agora não posso. Podemos conversar na hora do almoço ou depois do expediente? Preciso terminar o que estou fazendo agora".

Ao comunicar às pessoas que você está sob pressão para concluir uma tarefa para o seu chefe, geralmente elas respeitarão seu espaço e deixarão você trabalhar. Se fizer isso de maneira consistente, reforçará a reputação de alguém que prioriza suas responsabilidades, e os colegas, provavelmente, procurarão outros com quem se distrair.

Mantenha-se motivado e focado fazendo uso de uma autoafirmação positiva. Faça do seu mantra: "Foco no trabalho! Foco no trabalho! Foco no trabalho!". Sempre que perceber que está perdendo o ritmo em uma tarefa importante, repita essas palavras mágicas para si mesmo: "Foco no trabalho".

Quem trabalha mais? A pesquisa secreta

Imagine que uma organização externa esteja conduzindo um estudo com todos os funcionários da sua empresa. Eles fornecerão a cada colaborador uma lista de todos os colegas e solicitarão que avaliem uns aos outros, classificando quem é o primeiro mais dedicado, o segundo mais dedicado e assim por diante. Essa lista será então compilada, organizando os colaboradores do mais ao menos esforçado, e repassada aos superiores. O ranking servirá como base para decisões relativas a aumentos salariais e promoções.

Agora, imagine que essa pesquisa já esteja sendo realizada, mas em segredo. O fato é: em toda e qualquer empresa, todos sabem quem trabalha mais do que os outros. Todos sabem quem trabalha menos e não faz sua parte. *Todos sabem* – não é segredo nenhum.

Decida hoje que, se uma pesquisa desse tipo fosse realizada daqui a um ano, você "ganharia a competição". Comprometa-se a estabelecer a reputação de ser o funcionário mais trabalhador da sua empresa. Isso fará mais por você do que qualquer outra coisa. Quando se está rodeado por pessoas e situações que consomem seu tempo, é preciso uma autodisciplina considerável para trabalhar o tempo todo em que está no trabalho. É um desafio diário lutar contra distrações e interrupções.

O poder da autodisciplina

A fórmula do sucesso

Quando comecei minha carreira em uma grande empresa, eu me encontrava na base da hierarquia. Todos ali tinham mais tempo de casa. Mesmo já na casa dos trinta, eu ainda não tinha ideia de como jogar aquele jogo ou o que fazer para avançar naquela competição corporativa tão acirrada.

De certa forma, acabei descobrindo, por acaso, a fórmula para o sucesso. Não era nada de mais. Sempre que meu chefe me dava algo para fazer, eu fazia imediatamente. Como um cão correndo atrás de um graveto arremessado ao longe, eu me lançava na tarefa, logo a concluía e voltava às pressas com o trabalho finalizado. No começo, ele sorria e dizia algo como: "Eu nem precisava disso tão rápido, mas obrigado por ter feito".

Peça mais responsabilidade

Quando terminava meu trabalho, em vez de relaxar, o que eu fazia era ir até meu chefe e dizer: "Tudo resolvido. Queria mais coisas para fazer, mais responsabilidades". Essas palavras se tornaram meu mantra: "Quero mais responsabilidade". Novamente, meu chefe, que estava ocupado com vários projetos, dizia algo como: "Certo, deixe comigo, vou pensar no que mais posso lhe passar".

Todo dia, como um disco arranhado, eu ia até meu chefe no final do expediente e dizia: "Tudo resolvido. Queria mais coisas para fazer, mais responsabilidades". Aos poucos, ele começou a me passar "gravetos" – pequenas tarefas para me manter ocupado. O que quer que fosse, eu imediatamente completava a tarefa e levava os resultados até ele. E então repetia: "Tudo resolvido. Queria mais coisas para fazer, mais responsabilidades".

Em seis meses, ele começou a me enxergar como o "cara que faz". Sempre que precisava de algo com urgência, ele passava por todos os outros e me entregava a tarefa, sabendo que eu a faria de pronto.

O tempo é precioso

Certa vez, meu chefe me pediu para viajar até Reno dentro de um prazo de até duas semanas, para dar início ao trabalho de desenvolvimento em uma propriedade que a empresa estava adquirindo. Porém, em vez de esperar esse tempo, parti já na manhã seguinte. Ao chegar, fui diretamente ao advogado responsável pela transação e, em seguida, ao engenheiro encarregado do desenvolvimento. Logo percebi que havia algo de errado com a compra daquele terreno. Nao sabia exatamente o quê, mas decidi seguir investigando, indo de pessoa a pessoa, fazendo perguntas e reunindo o máximo de informações possível.

No final do dia, poucas horas antes de uma transação de US$2.000.000 ser finalizada e o dinheiro ser transferido permanentemente, descobri que estávamos prestes a comprar um terreno sem acesso a água, *o que tornava impossível o seu desenvolvimento*. Devido a leis complexas e a restrições nos direitos ripários (os direitos sobre a água), a propriedade era praticamente inútil e não poderia ser desenvolvida pelos próximos cem anos. Se a compra tivesse sido concluída, teríamos perdido 2 milhões de dólares!

Imediatamente, interrompi a transação, exigi que o advogado providenciasse um cheque visado no valor do depósito de US$250.000 que estava em sua conta fiduciária e voei de volta para informar meu chefe sobre a situação. Como você pode imaginar, ele ficou muito satisfeito.

A grande recompensa

Daquele dia em diante, passei a receber cada vez mais responsabilidades. Dentro de um ano, eu já estava gerenciando três divisões da empresa e liderando uma equipe de quarenta e duas pessoas em três cidades. Mais tarde, soube que meu chefe me pagava mais do que qualquer outra pessoa que havia trabalhado para ele, e fez isso com base nos resultados e na lucratividade que eu havia gerado para a empresa.

É por isso que, sempre que me perguntam como ter sucesso nos negócios, *realmente* se esforçando, dou o mesmo conselho: o que quer que seu chefe lhe dê para fazer, faça rápido e faça bem. Depois, vá até ele e peça mais responsabilidades. E, quando receber mais tarefas, execute-as com a mesma agilidade e competência até conquistar a reputação de ser uma pessoa extremamente eficiente. Isso ajudará você a avançar na sua carreira mais do que qualquer outra reputação que possa desenvolver.

Pague o preço

Aqui está uma fórmula simples em três passos para o sucesso no trabalho: chegue um pouco *mais cedo*, trabalhe um pouco *mais duro* e fique até um pouco *mais tarde*. Isso colocará você tão à frente dos seus concorrentes que eles dificilmente conseguirão te alcançar.

Chegue uma hora antes de todos. Use esse tempo para planejar e organizar o dia e iniciar suas tarefas mais importantes. Assim, quando o chefe chegar, você já estará lá, concentrado e produtivo.

Em segundo lugar, trabalhe com mais dedicação. Evite desperdiçar tempo ou jogar conversa fora com os colegas de trabalho. Aproveite o horário do almoço para se adiantar – e manter-se no controle – de suas principais tarefas e responsabilidades.

Terceiro, permaneça uma hora a mais que os outros. Se eles saem às cinco, saia às seis. Esse tempo extra permite que você conclua atividades importantes e já se organize para o dia seguinte.

Ao chegar uma hora antes, usar o horário de almoço para adiantar tarefas e ficar uma hora a mais, você adiciona *três* horas produtivas ao seu dia. E, uma vez que esses períodos costumam ser livres de interrupções, sua produtividade pode dobrar ou triplicar em relação ao expediente normal, quando é constantemente interrompido por outras pessoas e ligações telefônicas.

Sim, você pode dobrar ou até triplicar sua produtividade, seu desempenho e seus resultados apenas adicionando essas três horas ao seu dia de trabalho. E o melhor de tudo é que, ao chegar mais cedo e sair mais tarde, você não perde nada. Apenas evita engarrafamentos e a lentidão que a maioria das pessoas enfrenta em seus trajetos para o trabalho e de volta para casa.

A fórmula Além dos Quarenta

Para alcançar o sucesso mais rapidamente no trabalho, passe a aplicar a fórmula "Além dos Quarenta". Essa fórmula sugere que o número de horas que você trabalha *além das* quarenta horas semanais é um indicador de onde estará daqui a cinco anos.

Se você se limitar a cumprir apenas as quarenta horas regulares que todos trabalham, estará apenas sobrevivendo. Seus aumentos anuais serão de 3% ou 4%, e você terá um "emprego", mas seus ganhos crescerão no mesmo ritmo que os dos demais.

É quando você trabalha *além dessas quarenta horas regulares* que se dá uma vantagem sobre a maioria dos colegas da sua empresa – e da sua área como um todo. Cultive o *hábito* de fazer mais do que você é pago para fazer. Discipline-se a entregar mais do que recebe. Cada hora extra trabalhada é um investimento em seu sucesso futuro.

As pessoas mais bem remuneradas dos Estados Unidos dedicam entre cinquenta e sessenta horas semanais ao trabalho. O milionário de primeira geração investe cerca de cinquenta e nove horas por semana, o que representa cinco dias de doze horas ou seis dias de dez horas. No início de suas trajetórias, a maioria dos profissionais bem-sucedidos trabalhava seis dias por semana – e, por vezes, até sete – e utilizava esse tempo de maneira eficiente. Eles entenderam que, para colher grandes frutos mais tarde em suas carreiras, precisavam semear muitas sementes na primavera de suas trajetórias profissionais.

A aparência importa: vista-se para o sucesso

Por fim, é essencial manter uma boa apresentação pessoal. Lembre-se: "os semelhantes se atraem". Quando falamos de aparência, isso significa que as pessoas tendem a promover aqueles com perfil semelhante ao delas. Seus superiores prestam muita atenção à imagem de sua equipe e, geralmente, preferem promover pessoas que consideram adequadas para representar a empresa. Assim, cuide da sua imagem de maneira que seu chefe se sinta confiante em levá-lo para almoçar e apresentá-lo a amigos e colegas como um representante da organização.

Todas as manhãs, antes de começar o dia de trabalho, olhe-se no espelho e pergunte a si mesmo: "Estou com a aparência de quem é destaque na minha área?" Se a resposta for negativa, ajuste o que for necessário – e repita esse processo até sentir que sua imagem reflete quem você aspira ser.

Aprenda a *se vestir para o sucesso*. Busque informações em livros e artigos ou peça conselhos a pessoas de confiança. Observe os profissionais mais bem-sucedidos em sua área e inspire-se em como eles se apresentam. Procure vestir-se como alguém que está dois níveis acima do seu cargo atual. Lembre-se de que 95% da primeira impressão que você causa está relacionada à aparência e ao cuidado pessoal. Portanto, garanta que essa primeira impressão – e as próximas – sejam consistentes com a imagem que deseja transmitir.

Muitos passam a vida inteira sem perceber que, com um esforço extra – seja trabalhando um pouco mais, seja priorizando tarefas que agregam valor ou aprimorando suas habilidades –, poderiam se tornar verdadeiras peças-chave dentro de suas empresas. Ao focar em potencializar o alcance da sua contribuição, você coloca sua carreira em um ritmo de crescimento rápido, praticamente garantindo para si um futuro promissor.

No próximo capítulo, vamos explorar como seus comportamentos profissionais naturalmente influenciam sua ascensão à liderança e como a autodisciplina é fundamental para atingir seu potencial máximo como líder.

Exercícios práticos

1. Tome a decisão, hoje mesmo, de que você se tornará um dos 20% mais bem-sucedidos em sua empresa e no seu setor. Pergunte-se: o que você poderia fazer de diferente para alcançar esse objetivo?
2. Faça uma lista das tarefas que desempenha no seu trabalho e identifique as três com o maior impacto tanto no seu desempenho quanto no sucesso da empresa.
3. Reestruture sua rotina de trabalho. Comece a chegar mais cedo, aumentar sua produtividade durante o expediente e estender seu horário de saída, até que isso se torne um hábito.
4. Determine os resultados mais importantes que você precisa alcançar. Foque neles ao longo do dia, garantindo que seu tempo seja dedicado a atividades realmente relevantes.
5. Observe quem é a pessoa mais bem-vestida e bem-cuidada da sua empresa e se inspire nela para refinar a própria aparência.
6. Comprometa-se, a partir de agora, a se dedicar ao máximo durante o horário de trabalho. Comprometa-se a ser a pessoa mais eficiente e dedicada de sua empresa, criando a reputação de alguém que sempre entrega resultados excepcionais.
7. Cultive um senso de urgência. Aja rapidamente quando surgir uma tarefa ou oportunidade. Esse comportamento pode transformar a sua vida profissional.

CAPÍTULO 9

Autodisciplina e liderança

> *"Nada é mais prejudicial para o serviço do que a falta de disciplina; pois é a disciplina, mais do que o contingente, que confere a uma tropa superioridade sobre a outra".*
>
> – GEORGE WASHINGTON

A liderança e a autodisciplina caminham lado a lado. É impossível conceber a ideia de um líder que careça de autodisciplina, força de vontade, autocontrole e autodomínio. A principal qualidade de um líder é a capacidade de controlar a si mesmo e de gerenciar com firmeza e equilíbrio.

Raramente houve um momento na história em que líderes fossem tão necessários e demandados como hoje. Precisamos de líderes em todos os níveis da sociedade, tanto nos setores de fins lucrativos como naqueles sem fins lucrativos. Precisamos de líderes em nossas famílias, negócios, instituições religiosas, organizações comunitárias e, especialmente, na política. Precisamos de homens e mulheres que levem suas responsabilidades a sério e estejam dispostos a tomar as rédeas da situação.

Felizmente, a liderança *pode ser aprendida*. Líderes são desenvolvidos – e, normalmente, por iniciativa própria – ao longo do tempo e com dedicação, capacitação e prática. Como dito por Peter Drucker: "Podem existir líderes natos, mas são tão poucos que não fazem diferença no panorama geral".

Os quatro estágios do desenvolvimento

Em sua trajetória profissional, você avança por quatro níveis de atividades e conquistas. Inicialmente, começa como um *empregado*, com conhecimento e experiência limitados.

À medida que cresce, aprende e desenvolve a capacidade de alcançar resultados, sobe na hierarquia e se torna um *supervisor*, assumindo a responsabilidade pela performance e pelos resultados de outras pessoas.

Conforme avança na escala de supervisão, aprimorando sua capacidade de alcançar resultados por meio de outras pessoas, a partir da supervisão direta do trabalho dos colaboradores, você se torna um *gestor*. Nesse estágio, sua função não é mais apenas supervisionar o trabalho diretamente, mas delegar tarefas para outros colaboradores que já demonstraram competência em áreas específicas. Como gestor, sua visão se expande, e, com ela, surgem responsabilidades ainda maiores.

Enquanto evolui na hierarquia da gestão, tornando-se mais experiente e ampliando a sua capacidade de obter resultados de um número crescente de pessoas, você alcança o nível mais alto: o de um líder. Nesse estágio, sua responsabilidade não é mais se preocupar com os detalhes de como as tarefas serão executadas, mas, sim, com a definição do que deve ser feito.

Diz-se que "alguns líderes são feitos, outros assim nascem, e há aqueles para quem a liderança é imposta pela circunstância".

Líderes emergem ou são promovidos para lidar com situações que requerem competências específicas de liderança. Em essência, o papel do líder é "assumir a responsabilidade pelos resultados".

A principal razão pela qual as pessoas são promovidas a níveis cada vez mais altos de liderança é a sua capacidade de alcançar os resultados exigidos em cada nível. A pergunta constante do líder é: "Quais resultados são esperados de mim?" Aqui, a clareza é essencial.

Em contrapartida, a razão pela qual algumas pessoas não são promovidas ou são até mesmo desligadas é a "falha na execução". Essas pessoas não conseguem cumprir as tarefas mais importantes que se espera delas, nem alcançam os resultados esperados.

Líderes têm visão

A primeira qualidade da liderança, segundo 3.300 estudos realizados por James MacPherson, é a da *visão*. Líderes têm visão. Têm a capacidade de projetar o futuro e criar uma imagem nítida de onde querem ver chegar as organizações para as quais trabalham. E mais do que isso: têm a capacidade de compartilhar essa visão com outras pessoas e receber delas o comprometimento em torná-la realidade.

Você se torna um líder quando assume responsabilidade pelos resultados. Você se torna um líder quando começa a pensar, agir e falar como um líder. Você se torna um líder quando desenvolve uma *visão* para si mesmo, sua empresa, sua vida ou a área sob sua responsabilidade.

Existem centenas de livros publicados sobre liderança e importância da visão, mas tudo pode ser resumido em um único princípio. Um líder militar tem uma visão de *vitória*, da qual nunca se desvia, mas um líder empresarial tem uma visão de *sucesso*, centrada em um desempenho excelente, com o qual está totalmente comprometido.

Um líder é um representante

O líder estabelece o padrão de excelência, sendo o modelo a ser seguido por todos os membros da equipe. Sua visão deve ser mais clara e seu compromisso com a excelência, mais firme do que o de qualquer outra pessoa. Como tal, ele define o tom e a ética do ambiente de trabalho. A personalidade e a influência do líder moldam a cultura organizacional, afetando diretamente os membros da equipe, do departamento ou da empresa como um todo.

Não se pode *elevar* a moral em um negócio; ela se irradia do topo para a base, a partir do líder. O comportamento do líder influencia e afeta o comportamento dos demais. Quando o líder demonstra positividade, confiança e otimismo, esses atributos são inspiradores, e os membros da organização também passam a adotar tais comportamentos.

"Faça o que eu faço"

Ao assumir a liderança, você precisa se disciplinar a "encarnar" o papel de líder. Isso significa que sua postura, maneira de falar e agir devem refletir essa nova posição. Você se torna uma pessoa diferente, com responsabilidades diferentes.

Ao começar sua trajetória, você integra a equipe de colaboradores ou o time de vendas. Ao se tornar gestor, passa a integrar a gestão, a direcionar sua atenção para cima (seus superiores) e para os lados (seus colegas de trabalho); já como líder, sua atenção se volta para baixo, focando nas pessoas pelas quais é responsável.

Talvez o comportamento mais importante de um líder seja se disciplinar para ser um *modelo a ser seguido*. Imagine que todos estão observando você e moldando tudo o que fazem e dizem com base em seu comportamento.

Ao se tornar um líder, você já não tem a liberdade de "deixar as águas correrem". Desde o momento em que assume essa posição, você assume também a responsabilidade de controlar suas palavras e ações, assegurando os melhores resultados possíveis, tanto para a organização quanto para aqueles que dela fazem parte.

Estabeleça o padrão

O líder é quem define o padrão para questões como comportamento, qualidade do trabalho, organização pessoal, gerenciamento de tempo e imagem dentro da organização. Nas empresas de excelência, o líder é a pessoa que todos admiram e buscam emular.

Na maioria dos casos, ele trabalha mais do que os outros, demonstrando um nível de comprometimento, determinação, coragem, visão e persistência superior e estabelecendo o tom que os demais querem reproduzir.

O líder também define o padrão de como as pessoas devem ser tratadas dentro da organização. Ao demonstrar cortesia, consideração e interesse pelos outros, esses gestos rapidamente se disseminam, tornando-se amplamente reconhecidos como o padrão a ser seguido.

Estabeleça valores e princípios

Para além de proporcionar uma visão clara à organização, o líder deve incorporar valores e princípios que orientem o comportamento e a tomada de decisões. Todos precisam saber o que o líder e a empresa defendem e acreditam. Assim, seu papel é comunicar essa visão de excelência dentro de padrões éticos elevados, praticando o que ensina e vivendo os valores e comportamentos que promove.

A Regra de Ouro – "Faça aos outros o que gostaria que fizessem a você" – é o melhor parâmetro de conduta para um líder.

Quando Jack Welch era presidente da General Electric, por exemplo, ele incentivava os gestores a tratar cada funcionário como alguém que, no futuro, poderia ser promovido a uma posição superior à deles, ou seja, um gestor poderia vir a trabalhar sob a supervisão de quem atualmente era seu subordinado. Essa perspectiva incentivava um tratamento marcado pelo respeito e pela cortesia.

Os sete princípios da liderança

Para agir como um verdadeiro líder, existem sete princípios a serem adotados em suas ações e comportamentos diários.

1. *Clareza:* Esta é, possivelmente, sua maior responsabilidade. Você deve ter clareza absoluta sobre quem é e o que representa. Deve ter clareza absoluta sobre sua visão e onde pretende levar seu pessoal. Deve ter clareza absoluta sobre as metas e os objetivos da organização e o caminho para atingi-los. E, acima de tudo, deve ter clareza absoluta quanto aos valores, à missão e ao propósito que a norteiam. Todos à sua volta e sob sua liderança devem saber por que estão fazendo o que fazem e com que finalidade a empresa foi, em primeiro lugar, fundada.
2. *Competência:* Como líder, é sua responsabilidade definir um alto padrão de desempenho para toda a organização, abrangendo cada indivíduo e função. Seu objetivo deve ser fazer com que sua empresa alcance – ou até supere – o nível de excelência do principal concorrente. Busque constantemente maneiras de aprimorar a qualidade dos produtos e serviços oferecidos aos clientes.
3. *Comprometimento:* Comprometido com o sucesso da organização, o líder acredita verdadeiramente que a empresa já é a melhor ou está

caminhando para ser a melhor de seu setor. Esse comprometimento com a empresa, seu sucesso e suas conquistas motiva e inspira os outros a também dar o melhor e a se dedicar de coração ao trabalho.

4. *Restrições:* Cabe ao líder identificar as limitações e os fatores que impedem a empresa de alcançar rapidamente suas principais metas de receita e rentabilidade. Após identificar obstáculos, o líder deve direcionar pessoas e recursos para superá-los, aliviando restrições e removendo barreiras para que a empresa consiga se posicionar entre as melhores do mercado.

5. *Criatividade:* O líder está aberto a novas ideias, sejam elas oriundas de qualquer fonte. Está constantemente incentivando a equipe a buscar métodos mais eficazes, ágeis, econômicos e simples de oferecer produtos e serviços de alta qualidade, bem como de aprimorar o atendimento ao cliente.

6. *Aprendizado constante:* Comprometido com o desenvolvimento contínuo, o líder busca aprimorar habilidades e conhecimentos participando de seminários, cursos e programas de capacitação. A atualização constante é vista como essencial para o crescimento e a excelência em sua atuação. Além de investir no próprio desenvolvimento, o líder encoraja todos na organização a aprender e a crescer como parte natural da vida profissional. Para isso, disponibiliza tempo e recursos voltados ao treinamento e ao desenvolvimento, reconhecendo que a qualidade da formação dos funcionários é um diferencial competitivo. Enquanto as organizações mais bem-sucedidas têm profissionais altamente capacitados em seu quadro, as medianas possuem equipes com treinamento básico ou intermediário; e as menos preparadas, formadas por profissionais pouco capacitados, estão a um passo de sair do mercado.

7. *Consistência:* O líder aplica sua autodisciplina para agir de maneira consistente, confiável e serena, permanecendo estável em qualquer

situação. Para os colaboradores, uma das maiores seguranças no ambiente de trabalho é saber que o líder mantém sua postura e coerência. Um verdadeiro líder não muda da noite para o dia; não "vai com a maré", deixando-se levar por cada nova situação, problema ou emergência que apareça. Em vez disso, permanece calmo, otimista e confiante, sobretudo nos momentos de pressão.

A inevitável crise

A única constante inevitável na vida de um líder é a *crise*. Ao alçar a uma posição de liderança, você passará por crises com recorrência – crises surgidas de maneira inesperada, indesejada e que, muitas vezes, podem representar sérios riscos para a organização.

Contudo, é precisamente nesses momentos que a competência do líder se torna evidente. É em tempos de crise que o líder se porta com calma, objetividade e controle. Faz perguntas e colhe informações. Avalia o cenário com precisão e toma as decisões necessárias para minimizar os danos.

Grandes líderes se disciplinam a conter medos e apreensões no *íntimo*. Não compartilham suas preocupações com as equipes, sabendo que isso poderia causar incerteza e desmotivação. Em vez disso, adotam uma postura investigativa, indo a fundo na situação para compreendê-la por completo. Para os demais, o líder se apresenta sempre sereno, positivo, relaxado e em completo controle – independentemente das circunstâncias.

Autocontrole e liderança

Há uma relação direta entre a sua capacidade de se disciplinar e os seus comportamentos, bem como a sua prontidão em liderar. É somente quando você prova aos outros que tem controle sobre si mesmo que desenvolve a confiança para se colocar em uma posição de liderança – e nela permanecer.

O líder reconhece que tudo o que diz sobre ou para outras pessoas é amplificado. Por isso, ele se dedica a elogiá-las e encorajá-las, tanto em sua presença quanto em sua ausência. Jamais faz comentários negativos que poderiam ser mal interpretados, desmotivadores ou ofensivos. Se o líder tem divergências com alguém, ele aborda essa pessoa fora da vista e dos ouvidos dos demais.

Qualidades da liderança

Líderes se disciplinam a planejar, organizar e verificar cada detalhe. Nada subestimam. Fazem perguntas para se assegurar de que têm uma compreensão abrangente de um problema, desafio ou situação.

Grandes líderes agem como se fossem os donos da empresa onde trabalham, assumindo um alto nível de responsabilidade pessoal. O líder nunca reclama, dá desculpas ou culpa os outros.

Líderes são extremamente *orientados para a ação*. Coletam informações minuciosamente e tomam as decisões necessárias. Estabelecem medidas e padrões, delegando sua execução a outros. Exigem que o trabalho seja realizado com rapidez e eficiência.

Líderes chegam ao topo

Ao assumir total responsabilidade pelos resultados, focar em concluir as tarefas mais importantes, aprimorar continuamente seus conhecimentos e habilidades, contribuir com valor para a empresa e tratar todos com bondade e consideração, você se tornará um líder natural. E, conforme for demonstrando sua capacidade de agregar valor à organização, as pessoas acima, abaixo e em torno de você desejarão sua promoção à liderança e o apoiarão quando essa posição for alcançada. Um de seus principais objetivos deve ser caminhar, falar, agir, expressar-se e tratar os outros como um líder faria. Em algum momento, sua posição acabará por refletir essa conduta.

No próximo capítulo, você aprenderá como desenvolver e praticar as disciplinas necessárias para ter mais sucesso em sua trajetória e ações profissionais.

Exercícios práticos

1. Pergunte a si mesmo "Quais resultados são esperados de mim?" e concentre-se, de maneira focada, em alcançar esses resultados todos os dias.
2. Imagine-se no papel de líder da sua organização e reflita: "Que tipo de empresa seria esta se todos aqui fossem como eu?"
3. Defina um objetivo claro e inspirador para si e para sua organização, com foco no sucesso e na busca constante pela excelência.
4. Reconheça as pessoas-chave no seu ambiente profissional e pense em como se comportar para motivá-las a dar o melhor de si.
5. Comprometa-se, desde já, a manter a calma, o controle e a inteligência quando a inevitável crise surgir.
6. Defina claramente os valores e princípios que orientam suas ações e compartilhe-os com os que estão ao seu redor.
7. Trate cada pessoa ao seu redor como se esta fosse competente, valiosa e importante. Essa é a chave para conquistar a lealdade e o compromisso de que você precisa como líder.

CAPÍTULO 10

Autodisciplina e negócios

"A qualidade da abnegação em prol de um objetivo de longo prazo, e a força de vontade para manter esse sacrifício, é um excelente treinamento para o mundo corporativo".

–John Viney

A maioria das pessoas trabalhará em uma empresa, para uma empresa ou será proprietária de uma empresa ao longo da vida. A chave para o sucesso empresarial está em aplicar altos níveis de disciplina em quaisquer atividades que realizar, das mais simples às mais complexas. Sem autodisciplina e autocontrole nos negócios, não há como ser bem-sucedido.

Na economia atual, poucas áreas demandam tanta autodisciplina quanto a criação e a gestão de um negócio de sucesso.

A primeira lei da economia é a *escassez*. Em regra, nunca haverá o bastante de algo para todos que o desejam. Especificamente, nunca haverá clientes em quantidade suficiente para vender tudo o que você deseja; nem receita suficiente para alcançar todas as suas metas financeiras; nem lucros que permitam expandir o negócio tanto quanto você gostaria. E, principalmente, nunca haverá profissionais qualificados o bastante para trabalhar com e para você.

A lei da competição

Se a primeira lei da economia é a escassez, a primeira lei dos negócios é a *competição*. É preciso grande foco e disciplina para fazer o que for preciso para direcionar o dinheiro das pessoas para a compra do produto ou serviço por você.

E para não apenas sobreviver, mas também prosperar, você deve constantemente competir contra todos os outros usos possíveis para o valor que deseja cobrar pelo que vende.

A primeira disciplina para o sucesso nos negócios é oferecer um produto ou serviço que as pessoas queiram, precisem e em um preço que estejam dispostas a pagar – um preço competitivo em relação a todas as outras empresas que buscam o mesmo cliente e seu dinheiro.

É fundamental ser totalmente honesto em relação ao seu mix de produtos e serviços, garantindo que ele esteja alinhado com o mercado atual. Suposições equivocadas ou conclusões incorretas nesse aspecto podem levar ao fracasso nos negócios. Essa adequação precisa ser constantemente revisada, pois a concorrência e as preferências dos clientes estão sempre evoluindo.

O cliente tem sempre razão

Toda semana, converso com empresários insatisfeitos com suas taxas de vendas e lucratividade. Eles insistem que seu produto ou serviço é excelente e que as pessoas deveriam comprá-los em maior quantidade. Em cada um desses casos, preciso gentilmente apontar que a única prova de que o produto ou serviço é de fato atraente ou valioso está no fato de as pessoas o comprarem espontaneamente – e depois voltarem a comprá-lo, recomendando-o também aos amigos.

Especialistas afirmam que cerca de 70% das decisões empresariais acabam se revelando equivocadas com o tempo, essa é a *média*. Quando se é novo no mundo dos negócios ou ao criar uma empresa, a margem de erro tende a ser ainda maior. Não é raro que, no início da carreira, um empreendedor cometa erros em até 90% das vezes.

É preciso tremenda autodisciplina e força de caráter para encarar a possibilidade de estar equivocado nas suas suposições e crenças mais estimadas. Ainda assim, essa disciplina é essencial para minimizar erros, reduzir perdas e redirecionar recursos para oferecer aos clientes mais daquilo que eles realmente desejam, precisam e estão dispostos a pagar no momento.

Todo novo investimento ou empreendimento exige um alto nível de otimismo. Deve-se confiar nas perspectivas de crescimento do negócio, bem como em suas propostas de produtos e serviços. Também é crucial ter confiança no potencial de aceitação desses produtos no mercado, ao ponto de estar disposto a correr riscos financeiros e a investir muitas horas, semanas e até anos para alcançar as metas propostas, tudo isso sem garantia real de sucesso.

Ao mesmo tempo, é preciso ter disciplina para conter essa confiança, mantendo-se objetivo e realista. O excesso de confiança nos negócios pode levar a erros, a perdas financeiras e até à falência.

Você precisa ser melhor

Dada a natureza agressiva e determinada da concorrência, a única chance de sobreviver é adotar uma disciplina que o faça igual ou mais forte do que os concorrentes. Afinal, eles acordam todas as manhãs pensando em como tirar *você* do jogo. Eles querem tomar seus clientes e suas vendas. Eles querem seus lucros. Eles querem dominar sua fatia de mercado. Por isso, para aumentar suas chances de sucesso, você deve se esforçar ao máximo a fim de superá-los em estratégia e inteligência de mercado.

Quando você começa um negócio ou uma nova empreitada dentro de um negócio, é essencial ter a disciplina de fazer seu dever de casa detalhada e antecipadamente. Isso inclui elaborar um plano de negócios completo antes de iniciar as operações e garantir que ele seja revisto e atualizado todos os anos. A capacidade de planejar com antecedência pode ser o diferencial entre alcançar o sucesso e enfrentar o fracasso.

Desafie suas suposições

A maioria das ideias de negócios não funciona ou, pelo menos, não em sua forma original. Como dito por Peter Drucker: "Hipóteses equivocadas estão no cerne de todos os fracassos". Um dos principais fatores que levam ao fracasso nos negócios é a confiança dos empresários e executivos em suposições não testadas. Eles simplesmente supõem que seu produto ou serviço é excelente em comparação a outros. Supõem que serão capazes de vender uma quantidade significativa desses produtos ou serviços – e ainda obter lucro. Supõem que esses lucros serão substanciais o suficiente para justificar o investimento de tempo e dinheiro feito, tornando-o mais atraente do que qualquer outro uso dos mesmos recursos. Todas essas hipóteses devem ser testadas cuidadosamente antes que qualquer compromisso irreversível seja feito.

De acordo com a Kaufman Foundation on Entrepreneurship, 95% dos empreendedores e proprietários de pequenas empresas nos Estados Unidos ganham menos de US$50.000 por ano. Mas por que isso acontece? Não é porque lhes falta energia, inteligência ou capacidade para ganhar mais. O simples fato de uma pessoa ter coragem e desenvoltura para dar início a um novo negócio já é um indicativo de como ela possui níveis de talento natural acima da média.

A razão pela qual tantos empreendedores falham e têm um desempenho abaixo do esperado é a falta de disciplina. Eles não têm disciplina para estudar minuciosamente todos os aspectos do negócio antes de se comprometer com ele. Não têm disciplina para testar suas hipóteses, preferindo pular para conclusões e torcer para que tudo dê certo. *Não deixe que isso aconteça com você.*

Identifique o consumidor ideal

É preciso disciplina para identificar e definir o consumidor ideal: a pessoa que pode e comprará seu produto ou serviço em quantidades suficientes e pelo preço que você precisa cobrar para justificar, em primeiro lugar, sua entrada nesse mercado.

É preciso disciplina – fundamentada em tentativa, erro e persistência – para criar um plano que gere um fluxo constante e previsível de novos *leads* para o negócio. Um marketing eficaz é construído com base na clareza sobre a *vantagem competitiva* e a *proposta única de valor* que se tem: o que faz seu produto ou serviço ser superior e mais valioso para o consumidor em comparação com qualquer outro produto ou serviço similar disponível no mercado?

É preciso disciplina para desenvolver um sistema de vendas completo, de ponta a ponta, que converta *leads* qualificados em clientes fiéis. É surpreendente quantos negócios apenas supõem que o produto ou serviço se venderá sozinho – independentemente de contar com um sistema de vendas bem estruturado ou não!

Conheça os verdadeiros custos

É preciso disciplina para determinar com precisão os custos e a precificação adequada dos seus produtos e serviços. O Walmart se tornou o maior varejista da história, em grande parte, graças à sua expertise nessa área. Chama a atenção quantos negócios acabam vendendo com prejuízo apenas por não contabilizar corretamente todos os custos de levar um produto ou serviço ao mercado. Há um ditado popular que diz: "Perdemos dinheiro em cada item vendido, mas tentamos compensar no volume". No entanto, é evidente que essa estratégia não é sustentável!

É preciso um sistema de controle de qualidade para garantir que todo produto ou serviço vendido por você seja de tamanha qualidade que os clientes ficarão satisfeitos em comprar de você novamente – e, ainda, indicá-lo a amigos.

É preciso disciplina para desenvolver uma política de atendimento ao consumidor que garanta um tratamento tão atencioso e positivo que conquiste a fidelidade de cada cliente, levando-o a preferir sua empresa diante dos concorrentes.

O propósito de um negócio é agradar os consumidores

Qual é a finalidade de um negócio? *Conquistar e manter clientes* de maneira rentável. O lucro não é o objetivo em si. O lucro é o resultado de atrair e manter uma quantidade suficiente de clientes que gerem rendimentos satisfatórios após a dedução de todos os custos.

Qual é o indicador-chave de um negócio de sucesso? A *satisfação do cliente*. Toda a operação e a estratégia da empresa devem ser voltadas para superar as expectativas dos consumidores, conquistando sua preferência em relação aos concorrentes.

Qual é a medida da satisfação do cliente? A resposta está no *retorno*, ou seja, na repetição das compras. Somente quando os clientes compram novamente é que se comprova que a promessa feita na venda inicial foi cumprida. Uma nova venda para um cliente satisfeito requer um décimo do tempo e do custo em comparação a uma venda para um cliente novo. Todos os negócios bem-sucedidos dependem dessa fidelidade, o que só é possível com altos níveis de satisfação. Isso, sim, é uma verdadeira disciplina.

Qual é a chave para a lucratividade no longo prazo? *Recomendações e indicações.*

A pergunta decisiva feita ao cliente, que determina o sucesso ou o fracasso a longo prazo do seu negócio, é: "Com base em sua experiência conosco, você nos recomendaria a outras pessoas?"

A verdadeira forma de prosperar é quando a maioria dos clientes fica tão satisfeita com o que você oferece que começa a recomendar sua empresa a amigos e colegas. Considerando que uma recomendação de cliente é quinze vezes mais provável de converter em vendas do que uma *cold call* (o que significa um custo significativamente menor), o marketing por recomendação acaba sendo fundamental para sua longevidade. Contudo, para alcançar esse nível de satisfação, é necessário ser extremamente focado e disciplinado na criação e manutenção de políticas de atendimento ao cliente que não apenas garantam a primeira venda, mas também incentivem a recompra e a divulgação boca a boca.

Imponha padrões elevados

Ter disciplina é essencial para estabelecer e manter padrões de excelência em cada setor do seu negócio, sempre buscando evoluir. Pratique a Fórmula CANEI, sigla para *Continuous and Never-Ending Improvement (Melhoria Contínua e Ininterrupta)*. Independentemente de quão boa seja a qualidade alcançada hoje, nunca se dê por satisfeito. O objetivo é sempre superar o padrão estabelecido – para si mesmo e para todos os envolvidos sob sua responsabilidade.

A autodisciplina é fundamental para enfrentar as longas e árduas jornadas de trabalho, mês após mês, ano após ano, até alcançar o status de referência no mercado. Nos Estados Unidos, o empreendedor, proprietário de empresa ou milionário que construiu seu sucesso do zero trabalha em média cinquenta e nove horas por semana. Há casos de empreendedores que chegam a setenta ou oitenta horas semanais trabalhadas nos primeiros anos de desenvolvimento de seus negócios. Portanto, se o seu objetivo é ser o melhor e alcançar o topo da sua área, esteja preparado para dedicar esse tempo e esforço.

Pense na solução

Para ser bem-sucedido no mundo dos negócios, você deve se disciplinar a ser *proativo*, não *reativo*. Focar nas *soluções*, não nos problemas. Concentrar-se na tarefa mais importante que poderia estar realizando a cada hora de cada dia, em vez de se distrair com atividades de baixo ou nenhum valor.

Acima de tudo, a autodisciplina é essencial na construção de uma carreira sólida e com uma visão clara do futuro. Dada a forte concorrência, são necessários anos de esforço contínuo para alcançar o sucesso, seja em um negócio próprio, seja ao trabalhar para outras pessoas. Não existem atalhos: o caminho até o topo exige esforço, disciplina e determinação.

Em média, leva aproximadamente dois anos para que um novo empreendimento alcance o ponto de equilíbrio. Após essa fase, são necessários mais dois anos de fluxo de caixa positivo para quitar o dinheiro que foi emprestado nos primeiros anos. Só então, cerca de três anos depois, é possível considerar que o negócio atingiu um patamar de verdadeiro sucesso. Além disso, não é incomum as coisas custarem o dobro e levarem até três vezes mais tempo do que o planejado.

Diante dessas estatísticas, por que então considerar abrir o próprio negócio ou investir em um novo projeto? Porque o tempo passará de qualquer forma! Em cinco anos, você terá cinco anos a mais; em dez, uma década terá se passado. Ao final desse período, você poderá estar entre os primeiros ou ainda lutando junto aos 80% que vivem preocupados com dinheiro diariamente. A escolha é sua. A disciplina é a chave.

No próximo capítulo, vamos explorar a disciplina que faz o coração do seu negócio pulsar: *as vendas*. Afinal, como afirmou Peter Drucker, "O propósito primeiro de um negócio é conquistar e manter um cliente".

Exercícios práticos

1. Avalie cada área do seu negócio como se você fosse um consultor externo. Que mudanças você recomendaria?
2. Imagine que estivesse começando seu negócio hoje. Existem produtos ou serviços que optaria por não oferecer no mercado atual?
3. Identifique os 20% de produtos e serviços que geram 80% das suas vendas e lucros. De que maneiras você poderia aumentar as vendas desses itens?
4. Projete o futuro do seu negócio para um, dois e cinco anos. Quais tendências você identifica? O que seus clientes provavelmente estarão comprando nesse período?
5. Liste três maneiras de melhorar o atendimento ao consumidor, de forma que ele volte a comprar de você e o recomende a outras pessoas.
6. Liste três formas de atrair uma quantidade maior e mais qualificada de *leads* a partir de suas campanhas de marketing e publicidade.
7. Liste três maneiras de aumentar as vendas para os prospects que você já atraiu. Ou maneiras de atrair mais (e melhores) *prospects*.

CAPÍTULO 11

Autodisciplina e vendas

"Nada se concretiza até que se feche uma venda."
–Red Motley

O elemento mais importante para o sucesso de um negócio é a venda. *Nada se concretiza até que se feche uma venda.* Todas as fábricas, empresas, escritórios e produtores de bens e serviços entram em ação apenas quando uma pessoa, em algum lugar, faz uma venda a outra.

A profissão de vendedor é uma das mais desafiadoras do mercado de trabalho, mas é também a única profissão na qual se pode começar com capacidades limitadas e alcançar as maiores remunerações de nossa economia. Avançar nas vendas é como dirigir em uma *autobahn* na Alemanha: não há limite de velocidade. Você tem o poder de avançar a toda velocidade, impulsionado pela sua ambição e determinação em se destacar.

Fracasso ou sucesso do negócio

Milhares de empresas falidas foram analisadas ao longo dos anos para entender os motivos por trás de seu fracasso. Após a classificação e a avaliação dos dados, a principal razão para o insucesso se manteve: *baixo índice de vendas*. Em contrapartida, sempre que uma empresa estava prosperando, crescendo, tornando-se lucrativa, aumentando o valor de suas ações e criando mais oportunidades, o motivo central se resumia a: *alto índice de vendas*. O resto era secundário.

Em um negócio, *toda ação* influencia as vendas, positiva ou negativamente. *Toda ação* pode atrair e fidelizar clientes, ou, ao contrário, afastá-los. Em vendas, *tudo* conta.

A disciplina de gerar vendas

Seja você um vendedor ou um empreendedor, é preciso autodisciplina para focar e se concentrar em gerar vendas a *cada hora* de cada *dia útil*.

Um grupo de pesquisadores entrevistou várias centenas de executivos seniores e proprietários de empresas, perguntando-lhes: "Quão importantes são vendas e marketing para o seu negócio?". Sem exceção, todos responderam: "Vendas e marketing são absolutamente essenciais para nossa sobrevivência e crescimento".

Os pesquisadores então conduziram um estudo de tempos e movimentos com esses mesmos empresários e executivos, acompanhando-os e rastreando o uso de seu tempo durante um mês. Ao final desse período, concluíram seus cálculos e descobriram que o empresário ou executivo médio – que afirmava como as vendas eram "absolutamente essenciais" para a sobrevivência e o crescimento – estava dedicando *apenas 11%* de seu tempo a atividades de vendas e marketing. O restante do tempo era gasto em reuniões, discussões, papelada, trabalho administrativo, almoços e uma variedade de outras atividades que pouco contribuíam para a geração de vendas.

Se você é gestor de vendas ou proprietário de uma empresa, é essencial que concentre a maior parte do tempo em apoiar sua equipe na geração de vendas. Dedique *75% do seu tempo* junto aos vendedores, acompanhando-os nas visitas aos clientes e nas negociações. Deixe a papelada para antes ou depois do expediente. Durante o horário comercial, momento em que os clientes estão disponíveis para serem atendidos, concentre-se nisso.

Como quebrar um negócio

Alguns anos atrás, abri um novo negócio. Desenvolvi o produto e então comecei a anunciá-lo via mala direta, rádio, televisão e jornal. Eu mesmo permiti todo o planejamento, a papelada e as atividades de publicidade me sobrecarregarem completamente. Com a chegada do fim do ano, eu estava sem dinheiro; meu negócio estava por um fio de quebrar.

Foi quando dei por mim que eu havia deixado de olhar para as vendas. Por volta da época de Natal, concentrei-me em desenvolver um processo de vendas completo. No dia 2 de janeiro, peguei o telefone e comecei a agendar reuniões. Nos dois meses seguintes, com uma atividade de vendas focada e agressiva, fechei mais negócios do que em todo o ano anterior. Salvei meu negócio – e minha casa – e nunca mais perdi esse objetivo de vista.

Uma das perguntas mais importantes que você pode fazer a si mesmo, seja como vendedor, seja como empresário, é se o que está fazendo agora está contribuindo para gerar uma venda. Faça-se essa pergunta repetidas vezes ao longo do dia e, toda vez que a resposta for "não", suspenda de imediato qualquer tarefa de baixa prioridade e canalize sua atenção para as vendas. Também garanta que todos os responsáveis por vendas na sua empresa façam e respondam afirmativamente essa pergunta todos os dias.

Supere o medo de rejeição

Considerando que você tenha um produto ou serviço atrativo, um que seja sensatamente precificado e adequado ao mercado atual, o maior desafio que os vendedores podem enfrentar, tanto os que atuam por telefone quanto os que trabalham em campo, é a *rejeição*. O medo da rejeição é o fator que mais contribui para sabotar carreiras e prejudicar o desempenho nas vendas, sendo o principal obstáculo para o sucesso nesse campo.

É preciso muita disciplina para quem atua na área levantar-se todos os dias e enfrentar a rejeição inevitável que já esperam. A maioria das pessoas não consegue lidar com a rejeição contínua. Assim, na tentativa de evitar a dor emocional associada a ela, muitos acabam se ocupando com diversas atividades de "substituição" como uma forma de fuga.

Primeiro de tudo, elas fazem *menos* ligações e visitas. De acordo com a Universidade de Columbia, o vendedor médio dedica cerca de noventa minutos do seu dia ao trabalho produtivo – ou seja, apenas uma hora e meia durante uma jornada de oito horas. O restante do tempo é gasto se aquecendo, organizando papéis, mexendo na internet, lendo jornal, conversando com colegas, atrasando-se, saindo mais cedo e fazendo longas pausas para o almoço e cafezinho. Como resultado, ao final do dia, em média, *o vendedor trabalhou apenas noventa minutos.*

Intensifique a interação direta com clientes e prospects

Quando é que um vendedor está realmente trabalhando? O vendedor está trabalhando somente quando em interação direta – ao telefone ou frente a frente – com alguém que tenha o interesse e a capacidade de dele comprar em breve.

A regra para ser bem-sucedido nas vendas pode ser resumida em seis palavras: "Dedique mais tempo aos melhores *prospects*". Não há outra maneira de alcançar resultados de vendas previsíveis e consistentes.

Ocorre que, devido ao medo da rejeição, os vendedores acabam adiando e procrastinando suas tarefas ao longo do dia, fazendo todo o possível para evitar ficar cara a cara com pessoas que podem lhes dizer "Não".

A chave para o sucesso, conforme aprendi quando ainda era um jovem vendedor, é entender que *a rejeição não é pessoal*. *Prospects* sempre dizem coisas como "Não, não estou interessado" ou variações de "Não quero", "Não preciso", "Não posso usar isso", "Não tenho como pagar por isso", "Não estou no mercado" ou "Estou satisfeito com meu fornecedor atual".

Para o vendedor profissional, essas respostas são apenas reações naturais que fazem parte de qualquer negociação em um mercado competitivo. Novamente, essas respostas *não* são pessoais – portanto, não as leve para o lado pessoal.

Permaneça positivo e entusiasmado

O ponto de virada para prosperar nas vendas é vencer o medo da rejeição, tornando-se uma pessoa tão confiante e otimista que, mesmo após um longo dia de visitas e ligações, permaneça positivo e entusiasmado. Nas palavras de Winston Churchill: "O sucesso é ir de fracasso em fracasso, sem perder o entusiasmo".

A quantidade de contatos que você faz com novos clientes e o aumento nas vendas estão diretamente relacionados. Para impulsionar suas taxas de venda, portanto, *discipline-se a contactar mais prospects*.

Ao intensificar suas ações de vendas, você também ativa a Lei das Probabilidades para trabalhar a seu favor, conectando-se, assim, à média estatística. Você "trabalha os números" para garantir melhores resultados.

Como dobrar sua renda em vendas

Pratique o "Princípio dos Minutos" na sua rotina de vendas. Esse princípio sugere que, se a sua renda atual é baseada nos minutos dedicados a conversas diretas com os clientes, logo, ao aumentar esse tempo, você também pode, proporcionalmente, elevar suas vendas.

Nossa orientação aos vendedores externos é para que aumentem o tempo de interação presencial com os clientes. Fornecemos a eles ferramentas para que façam uso da criatividade e da estratégia, dedicando mais tempo a conversas diretas com clientes potenciais e resistindo à tendência de procrastinar.

Quase sempre, quando um vendedor consegue dobrar o tempo dedicado ao contato direto, seja pessoalmente, seja por telefone, os resultados em vendas também duplicam. Não se trata de um acaso. Isso ocorre graças a uma lei: a Lei das Probabilidades.

Controle as atividades de vendas

Como raramente é possível prever a origem da próxima venda, é fundamental ampliar o alcance e estabelecer contato com o máximo possível de *prospects*.

A venda em si não está sob seu controle direto. Ela é influenciada por uma série de fatores sobre os quais você pouco pode influenciar. Já as *ações* que levam às vendas, essas, sim, estão completamente sob seu controle. A regra é: "Faça o que puder com o que tem, exatamente onde está".

O caminho para alcançar o sucesso no mundo das vendas passa por uma disciplina de planejamento. É necessário se organizar para planejar seus dias e semanas com antecedência, especialmente as atividades de prospecção, e comprometer-se a *seguir* os planos estabelecidos.

Melhore seus índices

Certos índices determinam, em grande parte, o volume de vendas que você consegue realizar. Eles podem variar dependendo do seu nível de experiência e habilidade, da concorrência, dos preços dos produtos ou serviços oferecem e do mercado em geral. No entanto, os seguintes fatores permanecem constantes:

- Há uma relação direta entre o número de *cold calls* que você faz e o número de *clientes em potencial* com quem conseguirá conversar ou agendar visitas.
- Há uma relação direta entre o número de clientes em potencial que você vê pessoalmente ou com quem conversa ao telefone e o número de *prospects* com quem poderá fazer o *follow-up*.
- Há uma relação direta entre a quantidade de *follow-ups* realizados com propostas e apresentações e o número de vendas que você efetivamente *fecha*.

Você também pode pensar nisso como um "funil de vendas":

- No funil – ou seja, na extremidade mais larga –, entram seus *prospects*.
- A segunda parte do funil é formada pelas suas apresentações.
- A terceira parte é onde você faz o *follow-up* e fecha a venda.

Elementos essenciais para o sucesso no mundo das vendas

Existem duas responsabilidades-chave para alcançar o sucesso nas vendas.

1. *Primeiro de tudo, mantenha seu funil sempre abastecido.* Sempre tenha mais prospects para contactar do que o tempo que você tem disponível. Nunca deixe seu funil vazio. *Nunca* fique sem *prospects*.
2. *Segundo, melhore em cada etapa do processo de vendas.* Estude, leia, ouça programas educacionais e aprimore suas habilidades em

prospecção, apresentação e fechamento de vendas. Quanto melhor você se sair, menos *prospects* serão necessários no topo do funil para gerar vendas na saída do funil.

Comece cedo

Discipline-se a agendar sua primeira visita logo pela manhã, por volta das 7 ou 8 horas. Iniciar com uma visita de vendas presencial proporciona mais energia e motivação para o restante do dia.

Discipline-se a *concentrar* suas visitas em uma área geográfica mais compacta, o que lhe permitirá encontrar mais pessoas em menos tempo. Muitos vendedores, por receio da rejeição, distribuem suas visitas por uma área geográfica extensa e convencem a si mesmos de que estão sendo produtivos, quando, na verdade, estão apenas se deslocando de um lugar a outro.

Lembre-se: você só trabalha quando está ao telefone ou cara a cara com alguém que deseja comprar de você dentro de um prazo viável. Em todos os outros momentos, você está "inativo".

Estabeleça padrões mais elevados para si mesmo

Discipline-se a agir como se todos estivessem observando cada passo que você dá. Para os vendedores externos, a exigência da disciplina é ainda mais rigorosa do que para aqueles no escritório, onde a presença dos colegas serve-lhes de lembrete. Por estarem por conta própria, como guerreiros em uma selva de vendas, a tentação de relaxar, de pegar leve ou de sair para um cafezinho ou almoço em vez de fazer visitas é constante.

Para que seu desempenho seja excelente, trabalhe o dia todo como se tivesse um gestor de vendas ao lado fazendo um "acompanhamento em campo". Pergunte-se: se alguém estivesse te observando, como você agiria? Qualquer que seja sua resposta, essa é a forma como deveria trabalhar – mesmo que, na realidade, ninguém esteja por perto.

Todas as habilidades de vendas podem ser aprendidas

Se o seu objetivo é ser um dos vendedores mais bem remunerados do seu setor, discipline-se a investir constantemente no seu desenvolvimento pessoal e profissional. Leia sobre sua área todos os dias, ouça programas educacionais enquanto dirige e participe de seminários de vendas sempre que possível, sejam eles patrocinados pela sua empresa ou não. Dedique-se ao aprendizado contínuo como se seu futuro dependesse disso – porque depende.

O divisor de águas da minha vida – quando eu ainda era um jovem vendedor, frustrado e infeliz, andando em círculos e mal ganhando o suficiente para sobreviver – foi o momento em que descobri a Lei de Causa e Efeito. Eu aprendi que, "se você fizer repetidamente o que os vendedores mais bem-sucedidos fazem, não há nada que possa impedi-lo de, uma hora ou outra, alcançar os mesmos resultados e recompensas que eles alcançam".

Compreendi que todo vendedor que hoje ocupa um lugar no top 10 já esteve entre os 10% da base. Todos os que hoje estão se dando bem, no passado, não conseguiam alcançar os mesmos resultados. Todos os profissionais que se encontram atualmente no topo de suas áreas, um dia, sequer sabiam da existência dessas áreas.

Compreendi, também, que todas as habilidades de vendas podem ser *aprendidas*. Você tem o poder de aprender tudo o que for necessário para alcançar as metas de vendas que definir para si. Não há limites, exceto os limites que você impõe a si mesmo, com sua própria mentalidade.

Quando você se comprometer a se tornar um dos melhores vendedores da sua área, perceberá que virou uma chave importante na carreira. A maioria dos vendedores se contenta com o básico para manter o emprego, mas aqueles que se comprometem a se tornar os melhores conquistam muito mais do que os demais. Sua missão é ser uma dessas pessoas.

No próximo capítulo, falaremos sobre *dinheiro* e como a prática da autodisciplina nessa área pode aumentar drasticamente as chances de alcançar as suas metas financeiras.

Exercícios práticos

1. Enxergue-se como o CEO da sua própria empresa de vendas, totalmente responsável pelos resultados obtidos. Essa é a mentalidade dos vendedores mais bem pagos.
2. Estabeleça metas claras de receita para os próximos doze meses e para cada mês, registrando-as por escrito.
3. Defina exatamente a quantidade de produtos ou serviços que você precisa vender para alcançar sua meta de receita.
4. Calcule quantas vendas individuais são necessárias, considerando-se o ticket médio e a comissão recebida.
5. Determine quantos *prospects* precisará abordar, com base na sua experiência atual, para atingir o número de vendas desejado.
6. Dedique-se ao aprimoramento constante, lendo, ouvindo materiais educativos ou participando de seminários.
7. Aproveite cada minuto do seu dia para abordar pessoas que estão dispostas a comprar de você em um futuro próximo.

CAPÍTULO 12

Autodisciplina e dinheiro

> *"Ao analisar a trajetória de grandes homens, descobri que a primeira vitória que alcançaram foi sobre si mesmos; para todos eles, a autodisciplina veio antes de qualquer coisa".*
>
> –Harry S. Truman

As estatísticas da indústria de seguros revelam que, de cada cem pessoas que começam a trabalhar aos 21 anos, aos 65 uma será rica, quatro serão financeiramente independentes, quinze terão alguma reserva de dinheiro, enquanto as outras oitenta continuarão trabalhando, sem recursos, dependendo de pensões ou já terão falecido.

A maioria dos *baby boomers* hoje planeja trabalhar até os setenta anos. Por quê? Porque não tem dinheiro suficiente guardado para poder parar de trabalhar.

Problemas financeiros geralmente têm como raiz a falta de autodisciplina, autodomínio e autocontrole. Trata-se da incapacidade de postergar a gratificação imediata, levando as pessoas a gastarem todo o dinheiro que ganham – e, por vezes, até mais, recorrendo a empréstimos e ao uso do cartão de crédito.

A taxa média de poupança hoje, nos Estados Unidos, é baixa demais para que se consiga atingir a independência financeira. Após uma vida inteira de trabalho, a família norte-americana média possui um patrimônio líquido de apenas cerca de US$8.000. As pessoas continuam gastando e se endividando como se não houvesse amanhã.

O lado positivo é: estamos vivendo os tempos mais prósperos de toda a história. Nunca houve tantas oportunidades de alcançar riqueza e prosperidade – e para muito mais pessoas, das maneiras mais diversas. A independência financeira nunca esteve tão ao seu alcance, mas, para isso, é necessário *fazer uma resolução* e se comprometer a segui-la.

As razões para o fracasso financeiro

A principal razão para que a maioria dos adultos tenha problemas financeiros não está na baixa renda. Em seu livro *O milionário mora ao lado*, Thomas Stanley e William Danko mostram como duas famílias morando na mesma rua, em casas do mesmo tamanho e com a mesma ocupação profissional, podem ter situações financeiras completamente diferentes. Por volta dos 44 ou 45 anos, enquanto o casal de uma dessas casas será financeiramente independente, o outro estará profundamente endividado, com dificuldades até mesmo para pagar o mínimo de suas faturas de cartões de crédito.

Isso se explica *não* pelo quanto ganham, mas, sim, pela *falta de autodisciplina* e *falta de capacidade de postergar suas gratificações*. E por que essa fragilidade é tão prevalecente entre os adultos de nossa sociedade atualmente? A resposta remonta aos tempos de infância.

Na infância, ao receber dinheiro – seja em forma de mesada, seja como presente –, você logo pensava em *gastar* esse dinheiro com guloseimas. Guloseimas são doces. Guloseimas são deliciosas. Guloseimas preenchem sua boca com um sabor açucarado maravilhoso. Você, como a maioria das crianças, provavelmente achava que nunca era suficiente. Muitas comem doces ao ponto de passarem mal, pois o sabor é irresistível.

Conforme foi crescendo, você desenvolveu o que os psicólogos chamam de "resposta condicionada" ao receber dinheiro de qualquer fonte. Tal como como o cão de Pavlov, receber dinheiro te fazia "salivar mentalmente" com a expectativa de gastar em algo que trouxesse uma sensação de felicidade, ainda que passageira.

Gastar te deixa feliz

Ao se tornar adulto e começar a ganhar dinheiro pelo próprio trabalho, essa reação automática persiste. Seu primeiro pensamento é: "Como esse dinheiro pode me trazer satisfação imediata?".

No primeiro emprego, sobretudo, a tendência é pensar em como gastar não apenas o salário, mas também cada centavo do limite do seu cartão de crédito com roupas, cosméticos, entretenimento, viagens, carros e tudo o mais. Sua equação mental é: dinheiro = diversão.

Quando você sai de férias e vai para algum destino turístico, é comum reparar em ruas e hotéis repletos de lojas vendendo bugigangas, roupas e obras de arte que, normalmente, você não compraria na sua cidade. Por quê? Simples. Quando está de férias, você se sente feliz e associa, de maneira condicionada, essa felicidade ao ato de gastar. Quanto mais feliz se sente, mais inconscientemente compelido fica a gastar dinheiro em alguma coisa – ou, em outras palavras, em *coisa nenhuma*.

Na outra ponta, também é comum que as pessoas, ao se sentirem infelizes e frustradas por quaisquer motivos, vão às compras. Elas, de maneira inconsciente, associam o ato de comprar com ser feliz. E, quando essa satisfação momentânea não se manifesta, a resposta costuma ser adquirir ainda mais coisas. Muitas vezes, essas pessoas acabam adquirindo compulsivamente produtos de que não precisam, na tentativa de compensar seu desconforto emocional com a satisfação imediata de consumir.

Ao receber seu salário, um bônus, uma comissão, um reembolso de imposto de renda, um prêmio ou uma herança, seu primeiro impulso como adulto costuma ser gastar o dinheiro rapidamente, buscando o máximo de prazeres que ele possa proporcionar.

Reconfigure sua relação com o dinheiro

O ponto de partida para alcançar a independência financeira é disciplinar-se a mudar sua mentalidade em relação ao dinheiro. É essencial programar seu subconsciente para desvincular "gastar" de "felicidade" e, então, associar essa "felicidade" aos atos de "poupar e investir".

A partir de agora, substitua o pensamento "Eu me sinto feliz quando gasto dinheiro" por "Eu me sinto feliz quando poupo dinheiro" e, para consolidar essa mudança de mentalidade, abra uma "conta de liberdade financeira" no seu banco. Essa conta será destinada a depósitos de longo prazo, e você se comprometerá, já no primeiro depósito, a não usar esse dinheiro para nada além de garantir sua independência financeira.

Para aquisições específicas, como um carro ou barco, crie uma conta exclusivamente destinada a esse fim. Sua conta de liberdade financeira é intocável. Você jamais mexerá nela, a não ser para investimentos que aumentem ainda mais sua taxa de retorno.

Passe a associar a felicidade ao ato de economizar

Ao iniciar essa jornada de poupança, algo milagroso acontecerá dentro de você. Você começará a se sentir feliz com a ideia de ter dinheiro no banco.

Mesmo que seu primeiro depósito seja de apenas US$10, a ação, por si só, lhe proporcionará uma sensação de autodomínio e de poder pessoal. Sua satisfação consigo mesmo aumentará, e essa disciplina em poupar fortalecerá sua confiança e controle sobre o próprio destino.

Sempre que um dinheiro extra entrar, você o destinará à sua conta de liberdade financeira. Com o tempo, essa conta começará a crescer, e, quando isso acontecer, você ativará duas leis: a Lei da Atração e a Lei da Acumulação.

Quando atribui significados afetivos ao dinheiro que está na sua conta, significados carregados com suas emoções e seus sentimentos, você acaba criando um campo de energia que atrai para ela ainda mais recursos. Se economizar US$10 por mês durante um ano, você se surpreenderá ao ver que, somando pequenos valores extras, provavelmente terá mais de US$200 em vez de US$120. Com US$100 por mês, poderá ter mais de US$2.000.

Segundo a Lei da Acumulação, "toda grande conquista é a soma de inúmeras pequenas conquistas". Já a Lei da Atração ensina que "você atrai para a sua vida aquilo que está em sintonia com seus pensamentos dominantes". Graças a essas leis, sua conta de liberdade financeira começa a se expandir com *o poder dos juros compostos*.

Quanto mais dinheiro tiver na sua conta bancária, mais energia isso gera e mais dinheiro é atraído para a sua vida. O ditado "É preciso ter dinheiro para fazer dinheiro" reflete uma verdade simples, mas poderosa. À medida que você economiza e acumula, o universo começa a direcionar mais recursos para você, permitindo que continue poupando e aumentando sua riqueza.

Todos os que já praticaram esse princípio de poupança regular ficam absolutamente surpresos com a rapidez com que suas finanças atingem outro patamar.

A regra para a independência financeira, uma vez que você tenha reprogramado sua mentalidade em relação ao dinheiro, é "pague-se primeiro".

Em vez de esperar pelo que sobra após as despesas mensais, como a maioria das pessoas faz, o segredo está em reservar uma parte do seu dinheiro *logo no início*, assim que o receber.

Economize durante toda a vida

Em tempos idos, se você economizasse 10% da sua renda desde o primeiro salário até a aposentadoria, seria financeiramente independente, isso se não rico. Hoje, contudo, consultores financeiros sugerem que você precisa economizar *15 ou 20%* da sua renda para alcançar todos os seus objetivos financeiros. Qualquer valor abaixo disso aumenta o risco de ficar sem dinheiro mais tarde na vida.

Ao sugerirmos que as pessoas economizem 10% de sua renda, muitas balançam a cabeça em sinal de descrença. Isso ocorre porque a maioria já gasta todo o seu dinheiro, sem conseguir poupar nada. Para muitos, o endividamento é uma realidade, o que faz a ideia de separar 10% da renda parecer inviável.

Pratique a fórmula do 1%

Comece agora mesmo a poupar 1% da sua renda e aprenda a viver com os outros 99%. Esse é um valor gerenciável. Esse é um número que você pode ter em mente. Você só precisa de uma dose mínima de autodisciplina e paciência para economizar 1% a cada mês. Se ganha US$3.000, por exemplo, isso corresponde a US$30 mensais, ou apenas US$1 por dia.

No final de cada dia, coloque a quantia que economizou em algum recipiente. Uma vez por mês, pegue essas suas economias e deposite-as no banco, em sua conta de liberdade financeira. Isso pode até soar como um início modesto, mas lembre-se: "Uma jornada de mil léguas começa com um simples passo".

Em pouco tempo, você se sentirá confortável vivendo com 99% da sua renda. Quando isso acontecer, aumente a poupança para 2% da sua renda mensal e ajuste seu estilo de vida para viver com 98%. Logo, isso também se tornará um hábito e viver com 98% do que ganha será algo automático, descomplicado.

Mês a mês, aumente sua poupança em 1%. Ao final de um ano, você provavelmente economizará cerca de 10% da sua renda. E é quando algo notável acontecerá: suas dívidas começarão a diminuir. Com essa nova mentalidade voltada para a poupança e a independência financeira, você se tornará mais disciplinado e cuidadoso com os gastos, percebendo como está gastando menos e conseguindo quitar suas dívidas.

A recompensa é imensa

A recompensa por economizar e investir é imensa. Diz-se que "a felicidade é a realização progressiva de um ideal digno". Por isso, sempre que economiza ou paga uma dívida, por menor que seja, você se sente feliz por dentro. Sente-se mais positivo e no controle da sua vida. Seu cérebro libera endorfinas, que, por sua vez, lhe transmitem uma sensação de tranquilidade e bem-estar.

Passados dois anos do início desse processo, você terá se livrado das dívidas e começado a acumular uma quantia em sua conta de liberdade financeira. E, conforme esse valor aumentar, você começará a atrair *mais* dinheiro e oportunidades para utilizar esses fundos de uma forma inteligente, que proporcionarão uma taxa de retorno ainda maior.

Ao mesmo tempo, sua visão sobre o dinheiro e o ato de gastá-lo começará a mudar aos poucos. Você se tornará mais disciplinado e consciente. Investigará a fundo antes de investir em algo. Estudará cada pormenor de um potencial investimento ou oportunidade. Ficará relutante em se desfazer de um dinheiro que trabalhou tanto para juntar. Começará, de fato, a transformar sua atitude e personalidade com relação ao dinheiro – e isso de uma maneira muito positiva.

Aumento de renda não garante independência

Vez ou outra, pergunto ao meu público: "Quem aqui gostaria de ser financeiramente independente?" Todos levantam a mão. Em seguida, faço outra pergunta: "Se eu pudesse, em um passe de mágica, dobrar a renda de cada pessoa nesta sala, isso ajudaria vocês a alcançar a independência financeira?"

Todos vibram e sorriem e balançam suas cabeças, concordando que, se pudesse milagrosamente dobrar de renda, poderiam se tornar financeiramente independentes.

Continuo com mais uma pergunta: "Quantas pessoas neste recinto, do primeiro emprego que tiveram até o dia de hoje, já *dobraram* de renda?"

Sem hesitar, todos os presentes levantaram as mãos.

A minha próxima pergunta é: "Quantas pessoas neste recinto, do primeiro emprego que tiveram até o dia de hoje, aumentaram sua renda três vezes? Cinco vezes? Dez vezes?"

Mais uma vez, mãos levantando-se por toda parte. Ou seja, todos já haviam dobrado, triplicado ou aumentado sua renda em até cinco ou dez vezes desde o momento em que começaram no primeiro emprego.

Chego, então, ao ponto central da questão: "Todos aqui aumentaram drasticamente de renda, mas isso, por si só, não foi suficiente. Somente aumentar a renda não garante a independência financeira de vocês, algo explicado pela Lei de Parkinson: 'As despesas aumentam até cobrir todos os ganhos'. Não importa quanto você ganhe, sempre acaba gastando tudo – e mais um pouco".

Pratique o Princípio da Cunha

O caminho para a independência financeira é quebrar a Lei de Parkinson, e isso é feito aplicando-se o "Princípio da Cunha", continuamente. O que isso significa? Significa que, sempre que sua renda aumentar nos próximos meses e anos, você deve criar um espaço entre o aumento dos seus ganhos e o aumento das suas despesas. Em vez de gastar tudo, comprometa-se a economizar 50% do seu "aumento".

Se, por exemplo, sua renda aumentar em US$100 por mês, comprometa-se a poupar US$50 desse valor e depositá-lo em sua conta de liberdade financeira. Os US$50 restantes poderiam ser usados para desfrutar com a família e atender a necessidades ou desejos pessoais, mas a regra é poupar metade do aumento durante toda a sua jornada financeira.

Ao pagar-se primeiro, guardando 10 ou 15% da sua renda desde o início e poupando metade de qualquer aumento ao longo da sua carreira, você logo alcançará a independência financeira. Isso o colocará entre os mais ricos em nossa sociedade, e você nunca mais precisará se preocupar com dinheiro.

O milagre dos juros compostos

Albert Einstein disse: "Os juros compostos são a força mais poderosa no universo".

Se, entre os 21 e 65 anos, você economizasse apenas US$100 por mês e investisse esse valor em um fundo mútuo ou de índice com uma média de 7% a 10% de crescimento anual, você se tornaria uma pessoa milionária. E, ao configurar um pagamento automático para investir esses US$100 mês a mês, seria praticamente garantido que você se tornaria uma das pessoas mais prósperas dos Estados Unidos da América.

Isso significa que, se está realmente comprometido com a independência financeira, a autodisciplina é o requisito mais importante. O autodomínio, o autocontrole e a abnegação ao longo da vida não só permitirão que você atinja seus objetivos financeiros, mas também o tornarão bem-sucedido e feliz em todos os aspectos.

No próximo capítulo, vamos discutir a chave para fazer com que as coisas funcionem a seu favor: o bom uso do *tempo*. Boa parte de nós começa a vida com abundância de tempo e escassez de dinheiro, e a forma como você gerenciará seu tempo na vida adulta é um dos maiores determinantes da qualidade de vida que terá.

Exercícios práticos

1. Tome uma decisão hoje mesmo de assumir o controle total da sua vida financeira, livrar-se das dívidas e alcançar a independência financeira.
2. Avalie seu patrimônio líquido atual. Some todos os seus bens, subtraia suas dívidas e compromissos e obtenha um valor exato.
3. Abra uma conta bancária exclusiva e inicie uma poupança mensal, destinando pelo menos 1% da sua renda.
4. Liste todas as suas dívidas e comece a quitá-las, priorizando aquelas com as taxas de juros mais altas.
5. Calcule o valor exato necessário para sua independência financeira ao final da carreira e estabeleça essa quantia como meta.
6. Crie metas financeiras específicas para cada mês, trimestre e ano, a serem seguidas ao longo da vida.
7. Pratique a frugalidade nos gastos, adiando o que for possível até que suas metas financeiras de longo prazo sejam alcançadas.

CAPÍTULO 13

Autodisciplina e gerenciamento de tempo

"Se você não conquistar a si mesmo, será conquistado por si mesmo."
–Napoleon Hill

Talvez não haja uma área da sua vida em que a autodisciplina seja mais importante do que na forma como você gerencia seu tempo. O gerenciamento de tempo é uma disciplina central que determina, em grande parte, a sua qualidade de vida. Nas palavras de Peter Drucker: "Não se pode gerenciar o tempo; apenas a si mesmo". O gerenciamento de tempo trata-se mais do gerenciamento da *vida*, do gerenciamento pessoal e do gerenciamento de si mesmo do que do gerenciamento do tempo ou das circunstâncias.

O tempo é perecível; não se pode guardá-lo. O tempo é insubstituível. O tempo é irrecuperável; uma vez passado ou desperdiçado, você jamais poderá tê-lo de volta. Por fim, o tempo é indispensável, especialmente para alcançar conquistas de qualquer tipo.

Todo feito, todo resultado, todo sucesso requer tempo.

Você não pode "poupar" tempo

O fato é que você não pode *poupar* tempo; o que pode é *gastar* o tempo de uma maneira diferente. O segredo está em reorganizar seu uso, dedicando--o ao que realmente importa. Eis a chave para o sucesso e o requisito para a autodisciplina. Gerenciamento de tempo é a capacidade de escolher a *sequência de eventos* da sua vida. Com autodisciplina, você define o que vem primeiro, o que pode esperar e o que é melhor evitar, com total liberdade de escolha.

É preciso imensa autodisciplina para superar a procrastinação e a morosidade que refreiam a maioria das pessoas de alcançar seu verdadeiro potencial. Ouvi de um nativo norte-americano uma vez que "a procrastinação é o ladrão dos sonhos".

O Princípio de Pareto, também conhecido como a regra dos 80/20, afirma que 20% das atividades que você realiza geram 80% dos resultados que você conquista. Em contrapartida, 80% das suas ações resultam em apenas 20% ou menos do valor do que alcança.

Descubra o verdadeiro valor de suas ações

Certas coisas que você faz são de cinco a dez vezes mais valiosas do que outras, mesmo consumindo o mesmo tempo. As tarefas mais importantes – aquelas que representam os 20% do topo – geralmente são desafiadoras, difíceis e até mesmo intimidantes. Em contraste, os 80% das atividades que geram pouco ou nenhum impacto na sua vida tendem a ser mais agradáveis, fáceis e prazerosas de ser executadas.

O valor de algo pode ser medido pelo tempo investido nele. A atenção e o tempo são sempre dedicados ao que mais se valoriza, seja a família, seja a saúde, as atividades sociais ou esportivas, o dinheiro ou a carreira.

Ao observar como se gasta o tempo, é possível identificar o que realmente é importante.

Muitas pessoas afirmam que o sucesso profissional é sua prioridade, mas, ao chegarem em casa, passam horas assistindo TV. Outras dizem que sua família é o que mais importa, mas estão sempre saindo para socializar ou jogar golfe. Apenas suas *ações* lhe dizem – assim como aos outros – o que você realmente valoriza.

A essência do gerenciamento de tempo é que você se discipline a *estabelecer prioridades* – e as mantenha. Você deve, de maneira consciente e deliberada, escolher a atividade mais valiosa e importante que poderia estar realizando em determinado momento e então fazer uso da disciplina para se dedicar exclusivamente a ela.

Planejamento estratégico pessoal

No planejamento estratégico corporativo, o foco principal está em aumentar o "retorno sobre o patrimônio líquido". Patrimônio líquido, no contexto empresarial, é definido como o valor investido na empresa pelos proprietários, excluindo-se dívidas e empréstimos. O propósito do planejamento estratégico é identificar formas de organizar e reorganizar a empresa de maneira que ela alcance uma taxa de retorno sobre esse patrimônio superior àquela que seria alcançada sem o processo de planejamento.

Empresas investem capital financeiro; indivíduos, "capital humano". Empresas alocam ativos financeiros, mas *seus* ativos mais valiosos são suas energias mental, emocional e física, e a forma como você as aplica influencia profundamente sua qualidade de vida.

No planejamento estratégico pessoal, o objetivo é alcançar o maior "retorno sobre a energia" possível com as atividades que realiza. Ken Blanchard define isso como obter o maior "retorno sobre a vida".

Assim como você investiria seu dinheiro com cautela para obter um excelente retorno, é igualmente importante ser prudente ao investir seu tempo, assegurando que ele gere os melhores resultados, recompensas e satisfação dentro das limitações por ele impostas.

Pense antes de agir

Antes de se comprometer com qualquer atividade que demande tempo, pergunte-se: "Esse é mesmo o melhor uso que faço do meu tempo?" A falta de autodisciplina no gerenciamento de tempo leva as pessoas a procrastinar suas principais tarefas, dia após dia, resultando em uma dedicação excessiva a atividades de baixo ou nenhum valor. E o que quer que faça repetidamente, acaba se tornando um hábito.

Quantos são aqueles que acabam criando o hábito de procrastinar, deixando as tarefas prioritárias de lado e gastando a maior parte do tempo em atividades que pouco impactam no longo prazo.

Prioridades *versus* posterioridades

Estabelecer prioridades implica, também, estabelecer *posterioridades*. Uma prioridade é algo que você realiza com mais frequência e rapidez, enquanto uma posterioridade é algo feito com menos frequência ou agilidade. É provável que você já se sinta sobrecarregado com inúmeras tarefas e pouco tempo disponível. Por isso, ao se dedicar a uma nova atividade, é necessário *descontinuar* outra. Para iniciar algo novo, é preciso abrir espaço, e isso envolve deixar algo para trás.

Antes de se comprometer com uma nova iniciativa, portanto, pergunte a si mesmo: "O que vou *parar* de fazer para ter tempo suficiente para me dedicar a essa nova tarefa?".

Reveja continuamente sua vida e pratique o "abandono criativo": determine, de maneira consciente, as atividades que você deixará de lado para dedicar mais tempo àquelas que *de fato façam diferença* no seu futuro.

Identifique as consequências

Uma das palavras-chave quando falamos em desenvolvimento da disciplina para gerenciamento de tempo é "consequências". Uma tarefa é importante na medida em que possui consequências *significativas* para sua realização ou não realização. E perde importância quando não há diferença real entre concluí-la ou não.

Por exemplo, concluir um curso universitário pode ter consequências enormes, impactando sua vida nas próximas cinco décadas. Da mesma forma, concluir uma tarefa ou um projeto importante no trabalho ou fechar uma venda grande pode ter consequências significativas para seu emprego e sua renda. Já atividades como tomar café, bater papo com colegas, ler jornal, ficar na internet ou checar seus e-mails pessoais podem até ser agradáveis, mas são atividades de pouca ou nenhuma consequência. Em outras palavras: se você as realiza ou não, pouca ou nenhuma diferença isso faz para o seu trabalho ou a sua vida. No entanto, é precisamente nessas atividades que a maioria das pessoas gasta a maior parte do tempo.

Gerenciando seu tempo

Existe um sistema simples de gerenciamento de tempo que pode te ajudar a superar a procrastinação. Ele exige autodisciplina e organização pessoal, mas os resultados são extremamente recompensadores. Ao adotar esse sistema, será possível duplicar ou triplicar sua produtividade, seu desempenho, seus resultados e até mesmo sua renda. Antes de dar início às suas tarefas do dia, comece fazendo uma lista de tudo o que precisará fazer nesse dia. O melhor momento para isso é na noite anterior, após o expediente, de modo que sua mente subconsciente possa trabalhar nessa lista de atividades mais tarde, durante seu sono. Você começará a despertar com ideias e *insights* de como concluir com mais efetividade as tarefas do dia. Depois disso, aplique o Método A B C D E à sua lista:

- A = "Precisa fazer" – atividades com consequências sérias caso não sejam executadas.
- B = "Deveria fazer" – atividades com consequências medianas, seja pela sua execução, seja pela não execução.
- C = "Seria bom fazer" – atividades sem consequência, seja pela sua execução, seja pela não execução.
- D = "Delegar" – tudo o que puder ser delegado, liberando mais tempo para focar nas atividades que somente você pode realizar.
- E = "Eliminar" – descontinue todas as tarefas e atividades que não são mais essenciais para o seu trabalho ou para alcançar suas metas.

Revise sua lista de atividades para o dia seguinte e escreva uma letra A, B, C, D ou E ao lado de cada tarefa antes de começar. Se houver várias tarefas "A", classifique-as por ordem de importância escrevendo A-1, A-2, A-3, e assim por diante. Faça o mesmo com as tarefas B e C.

A regra é: nunca realize uma tarefa B enquanto ainda houver uma tarefa A pendente. Não se deve realizar uma tarefa de menor relevância quando há ainda uma de maior relevância a ser concluída. Após organizar sua lista com esse sistema, discipline-se a começar pela tarefa A-1 logo pela manhã, antes de fazer qualquer outra coisa.

Foque em uma tarefa de cada vez

Uma vez que tenha iniciado a tarefa mais importante, é preciso se disciplinar a focar apenas nela, com 100% do seu tempo e da sua atenção, até que ela esteja concluída.

Exige-se tremenda disciplina para escolher a tarefa mais importante e então dar início a ela em vez de a qualquer outra. Contudo, quando o fizer, começará a sentir uma onda de energia que vai te impulsionar, e isso, por sua vez, te fará se sentir mais positivo, confiante, animado e determinado.

O simples ato de dar início a uma tarefa importante eleva a sua autoestima, motivando você a continuar. No íntimo de cada um de nós, existe um desejo pulsante de nos sentirmos poderosos e no controle da própria vida. E tais sentimentos de autoconfiança e autoestima são naturalmente despertados quando você se disciplina a começar a trabalhar na tarefa que mais te importa no momento.

Retorno de 1000% sobre o investimento

O Método A B C D E normalmente não toma mais do que dez minutos para organizar o seu dia, e o melhor: a cada minuto investido nesse planejamento, você vai economizar dez. Isso significa um "retorno sobre a energia" de 1000% ao planejar minuciosamente e estabelecer prioridades claras antes de iniciar sua primeira tarefa.

À medida que faz avanços na tarefa mais importante, seu cérebro começa a liberar um fluxo constante de endorfina, a "droga da felicidade" natural, substância que promove as sensações de positividade, foco, alerta, consciência e controle.

Quando você se disciplina a enfrentar a resistência inicial e começa a trabalhar nas suas tarefas prioritárias, acaba por experimentar uma "onda de endorfina". Isso se traduz em euforia, excitação, felicidade e autoestima elevada. Concluir uma tarefa importante é semelhante à experiência de um atleta que cruza a linha de chegada em primeiro lugar. Você se sente um *vencedor*.

O retorno de um excelente gerenciamento do tempo é infinito. Assim que você começa a planejar e organizar seu tempo, estabelecer prioridades e iniciar sua tarefa A-1, você se sentirá mais feliz e mais no controle de si mesmo e da sua vida. Quanto melhor você planeja e executa, melhor se sente.

Mantenha-se focado

A Lei da Eficiência Forçada diz que "nunca há tempo suficiente para fazer *tudo*, mas sempre há tempo suficiente para fazer as coisas que certamente são *mais importantes*".

Aqui estão algumas perguntas que você deveria fazer a si mesmo e que o ajudarão a se manter focado e trabalhando nas suas tarefas, atividades e responsabilidades prioritárias:

1. Por que estou na folha de pagamento desta empresa? O que exatamente fui contratado para fazer? Quais são os resultados esperados de mim?

Tenha clareza sobre a resposta a essas perguntas. Discuta isso com outras pessoas. Pergunte ao seu chefe.

2. Quais são as minhas áreas-chave de resultados? De todas as coisas que faço, quais são os resultados mais importantes que se espera que eu alcance em minha posição?

Raramente existem mais de cinco a sete áreas-chave de resultados em qualquer trabalho. É essencial identificar as suas e nelas trabalhar o dia todo.

3. Quais atividades geram mais valor? De todas as coisas que faço, quais são as que trazem o maior retorno tanto para a empresa quanto para o meu desenvolvimento pessoal?

Quais são suas principais competências que te capacitam a oferecer uma contribuição valiosa?

4. O que eu – e somente eu – posso fazer que, se feito bem, fará real diferença?

Há uma única resposta para essa questão, e ela envolve algo que somente você pode fazer. Se não o fizer, ninguém mais o fará em seu lugar. Contudo, se fizer – e fizer com excelência –, isso poderá transformar sua vida e seu trabalho.

5. Qual é o uso mais valioso do meu tempo agora?

Definir prioridades e superar a procrastinação começa com essa pergunta fundamental. A cada minuto de cada dia, há uma resposta para essa pergunta. A capacidade de organizar a própria vida e definir prioridades é um dos principais indicadores de inteligência e produtividade.

Comece hoje

A partir de hoje, aplique estes princípios-chave de gerenciamento de tempo em todas as áreas da sua vida: trabalho, família, saúde, rotina de exercícios, decisões e atividades financeiras. Sem desculpas.

É preciso disciplina para estabelecer prioridades e manter-se fiel a elas. Superar a procrastinação que bloqueia o progresso de muitos requer esforço contínuo e força de vontade. No entanto, quanto mais você se dedica a usar bem o tempo, mais feliz se sentirá e maior será a sua qualidade de vida em todos os aspectos.

Entre você e suas metas estão, quase sempre, *problemas* e *dificuldades* de diversas naturezas. A forma como você resolve questões cotidianas pode influenciar profundamente seus resultados e as recompensas que eles proporcionam. Falaremos a respeito disso no próximo capítulo.

Exercícios práticos

1. Tome uma decisão hoje mesmo de se tornar excelente no gerenciamento do seu tempo. Trabalhe nisso até que se torne um hábito.
2. Antes de começar o dia, liste todas as suas tarefas. À medida que novas tarefas surgirem, anote-as antes de nelas trabalhar.
3. Organize sua lista de trabalho por prioridade usando o Método A B C D E, repetindo o processo até que isso, também, vire um hábito.
4. Diariamente, identifique sua tarefa A-1 e comprometa-se a trabalhar com concentração nessa tarefa até que ela esteja totalmente concluída.
5. Identifique a única tarefa que somente você pode executar e que, bem realizada, pode fazer uma real diferença.
6. Priorize os 20% das suas atividades que podem contribuir com 80% dos seus resultados e discipline-se para trabalhá-las com inequívoca consistência.
7. A cada instante, pergunte a si mesmo: "Qual é o uso mais valioso do meu tempo, neste momento?" e, em seguida, discipline-se a trabalhar apenas nessa tarefa até que esteja concluída.

CAPÍTULO 14

Autodisciplina e solução de problemas

"Experiência não é o que acontece a um homem; é o que um homem faz com o que acontece a ele".

–Aldous Huxley

Pensamentos são causas, e condições, efeitos. Portanto, a qualidade do seu pensamento determina em grande parte a qualidade da sua vida. O princípio mental mais poderoso é: "você se torna aquilo em que mais pensa".

Aqueles que se sobressaem em qualquer área são altamente focados em soluções. Em vez de se prenderem a quem fez ou deixou de fazer isso ou aquilo, concentram-se nas soluções e no que pode ser feito para resolver o problema.

Nas palavras do filósofo sufi Izrhat Khan: "A vida é um fluxo contínuo de problemas, como as ondas do oceano, que se sucedem incansavelmente". Isso significa que praticar a autodisciplina e manter o autocontrole em meio a um fluxo constante de problemas, dificuldades e fracassos temporários é indispensável para o sucesso na vida pessoal e profissional.

A inevitável crise

Ao longo da vida, você enfrentará uma sequência de desafios – físicos, financeiros, familiares, profissionais e políticos. Essa sequência só é interrompida por crises ocasionais, que surgem, em média, a cada dois ou três meses, e é nesses momentos que você realmente revela a força da sua personalidade e do seu caráter. Nas adversidades inesperadas, você revela ao mundo sua verdadeira essência. A vida inteira é um "teste". E a pergunta crucial a ser feita é: você passará ou reprovará nesse teste?

Crises, por natureza, aparecem "sem aviso prévio". Não há como antecipá-las. Afinal, se isso acontecesse, não seria nem mesmo uma crise para começo de conversa – pois você já estaria preparado. Quando a inevitável crise surge, mais do que nunca, a autodisciplina é indispensável para que você mantenha a serenidade e a clareza para com ela lidar.

Dê o seu melhor

Quando algo dá errado, a tendência natural da maioria das pessoas é sentir raiva e procurar alguém em quem colocar a culpa. Isso, no entanto, é um verdadeiro desperdício de energia. Não leva a nada. Em vez disso, discipline-se a permanecer calmo, objetivo e imperturbável.

Ao enfrentar uma crise, concentre-se na solução, não no problema. *Foque no que pode ser feito agora*, em vez de se concentrar no que já ocorreu ou em buscar culpados.

Assim como em um acidente em que alguém se fere, a prioridade é ajudar a pessoa, estancar o sangramento e minimizar os danos, antes de avaliar o que ocorreu e como. Pratique a autodisciplina diante de uma crise, começando por afirmar "Eu sou responsável", mesmo que, naquele momento, isso signifique apenas controlar suas reações diante do ocorrido.

Mantenha a clareza mental

Indivíduos bem-sucedidos aprenderam a responder efetivamente a uma crise, a permanecer calmos, relaxados e focados. São disciplinados a se manter frios e inabaláveis, o que lhes permite pensar com mais clareza, analisar a situação com objetividade e tomar as melhores decisões.

Mas, no momento em que fica com raiva e chateado, é como se seu neocórtex – ou seu "cérebro pensante" – fosse desativado. E tudo o que lhe resta é seu paleocórtex, seu cérebro *emocional*, que pensa em termos de uma "resposta de luta ou fuga". Quando é seu cérebro emocional que está no controle, você tende a pensar na lógica do preto ou branco, sim ou não, fazer algo ou não fazer algo. Você perde a capacidade de pensar nas áreas cinzentas e olhar para todas as diferentes formas de lidar com essa situação particular.

Pessoas bem-sucedidas reconhecem que cada desafio é uma chance de fortalecer seu autocontrole e confiança pessoal. Você subirá na vida à altura dos problemas que for capaz de resolver.

Trampolim para o sucesso

Em *O Princípio de Peter*, publicado alguns anos atrás, seu autor, o doutor Laurence Peter, apresentou uma teoria divertida, mas muito próxima da realidade. Ele argumentava que, em qualquer organização, as pessoas são continuamente promovidas até atingirem um patamar em que não mais são competentes o bastante para resolver os problemas que acompanham tal posição. É nesse ponto que param e ali permanecem pelo resto de suas carreiras.

O autor também observou que, por essa razão, toda organização acaba sendo composta por pessoas que atingiram seu *nível de incompetência*. Isso é especialmente verdadeiro no governo, o que explica sua ineficiência no que diz respeito a tempo e custos, criando obstáculos para a concretização de qualquer iniciativa. Trata-se de um padrão que pode ser observado em grandes burocracias, de maneira geral.

Seu progresso na empresa em que trabalha (e na carreira, como um todo) está intimamente ligado à capacidade de resolver problemas e tomar decisões corretas em cada fase da sua jornada profissional. A vantagem disso é que, ao pensar em respostas na maior parte do tempo, você treina seu cérebro a ser naturalmente orientado para a solução.

Independentemente dos problemas ou das dificuldades que apareçam, seu cérebro estará sempre à procura de maneiras criativas de resolvê-los. E toda essa atividade mental aguça a inteligência e a sagacidade, tornando seu cérebro pensante mais ágil e capaz de acessar soluções com maior rapidez.

É assim como ao se aperfeiçoar em um esporte, em que você começa dominando os fundamentos e, com a prática constante, vai refinando as técnicas até que os movimentos se tornem naturais e automáticos.

A chave para dominar a solução de problemas é desenvolver uma metodologia ou fórmula que lhe permita lidar com basicamente qualquer problema que vier a enfrentar no curso de sua carreira ou vida pessoal. Felizmente, existe uma fórmula comprovada para resolver problemas e tomar decisões, aplicável em quase todas as situações. Vejamos.

Método de 9 passos para a solução de problemas

Passo 1: Reserve um tempo para definir com clareza o problema. Na medicina, afirma-se que "um diagnóstico preciso é meio caminho andado para a cura". Portanto, você deve se perguntar: "Do que se trata *exatamente* o problema?". É impressionante como, dentro de uma mesma organização, as pessoas podem se irritar com um problema, mas cada uma delas tendo uma percepção ou definição diferente sobre a verdadeira natureza do que enfrentam. Seu papel, então, é alcançar a clareza necessária para fazer com que todos concordem com a definição do problema *antes* de passar para a tarefa de solucioná-lo.

Passo 2: Pergunte-se: "Isso é, de fato, um problema?" Lembre-se de que há certas coisas em que não há nada a ser feito. Não se trata de problemas, mas meramente de *fatos da vida*. Se as taxas de juros aumentam ou o mercado de hipotecas de alto risco colapsa, isso não é um problema. Não é algo que possa ser solucionado. É algo que deve ser enfrentado e contornado.

Além disso, o que inicialmente *parece* um problema ou revés pode, muitas vezes, revelar-se uma *oportunidade disfarçada*. Por vezes, o "problema" sequer exige solução; pelo contrário, pode abrir espaço para a exploração de novos caminhos – talvez ainda mais vantajosos para você e a sua empresa.

Passo 3: Pergunte-se: "De que mais se trata o problema?" Cuidado com qualquer problema que tenha apenas uma definição. Quanto mais formas de definir um problema você encontrar, maior será a chance de encontrar a melhor solução.

> Quando desenvolvemos trabalhos junto a corporações cujas vendas estão aquém do esperado, incentivamos que respondam a vinte e uma perguntas, cada uma abordando o problema sob uma nova perspectiva. Cada reformulação do problema, se validada como correta, leva a uma solução diferente e, com frequência, a um direcionamento também completamente diferente para a organização.
>
> Um exemplo: iniciamos com a pergunta "Qual é o problema?", e a primeira resposta é "Nossas vendas estão muito baixas".
>
> Em seguida, exploramos mais a fundo: "De que mais se trata o problema?" Resposta: "As vendas do nosso concorrente estão muito altas".

Veja como a abordagem muda: se o problema são as vendas baixas, a solução pode ser intensificar a publicidade e reforçar as atividades de vendas. No entanto, se a definição é o sucesso do concorrente, a resposta pode ser aprimorar os produtos, ajustar a linha, revisar preços ou até explorar novas áreas de atuação.

Com esse questionamento contínuo, chegamos à definição ideal para uma solução prática.

Passo 4: Pergunte-se: "Como esse problema foi acontecer?" Procure entender as causas do problema para garantir que ele não ocorra novamente. Seja na vida pessoal, seja na profissional, se um problema acontece repetidas vezes, isso aponta para uma possível desorganização ou falta de controle naquela área específica. Existe uma falha estrutural em seus processos que contribui para a recorrência do problema. Sua tarefa é descobrir o porquê.

Passo 5: Pergunte-se: "Quais são todas as soluções possíveis?" Quanto mais alternativas identificar, maiores serão as chances de encontrar a solução ideal. A *qualidade* da resposta geralmente está relacionada *ao número de opções* avaliadas no processo de resolução do problema. Desconfie de problemas que parecem ter *apenas uma* solução possível.

Passo 6: Pergunte-se: "Qual é a melhor solução neste momento?" Algumas vezes, *qualquer* solução é melhor do que *nenhuma* solução. Uma resposta aceitável, quando executada com dedicação, frequentemente supera uma solução ideal, que, por ser complexa em demasia ou difícil de implementar, acaba não sendo aplicada.

A regra é que 80% dos problemas devem ser resolvidos de imediato. Somente 20% merecem ser adiados para um momento posterior. Caso precise adiar um problema, estabeleça um prazo específico para tomar uma decisão sobre ele e, ao chegar a esse prazo, tome sua decisão com base nas informações que tem disponíveis nesse momento.

Há uma outra regra, que diz que todo grande problema começou como algo menor, algo que poderia ter sido resolvido de maneira simples e sem grandes custos se fosse tratado no momento certo. Às vezes, a melhor estratégia é "cortar o mal pela raiz". Quando está claro que há um problema e uma solução, faça o que precisa ser feito – e faça-o rapidamente.

Passo 7: Tome uma decisão. Escolha uma solução, qualquer uma, e então decida sobre o curso de ação a ser tomado. Sempre se pergunte: "Qual será nosso próximo movimento? E o que faremos *agora*?"

Passo 8: Atribua responsabilidades. Quem, exatamente, será a pessoa responsável por implementar a solução ou as diferentes etapas dessa solução? É muito comum que um grupo se reúna para resolver um problema e chegue a um consenso sobre a solução, mas, ao se encontrar novamente duas semanas depois, perceba que nada foi feito. Por quê? Porque ninguém foi designado especificamente para colocar a decisão em prática.

Passo 9: Defina um indicador para a decisão. O que você espera alcançar com essa escolha e como vai mensurar os resultados? Como saberá se deu certo? Quanto mais preciso for ao estabelecer o resultado desejado, maior será a probabilidade de alcançá-lo.

A grande recompensa

A principal recompensa por resolver problemas é a oportunidade de lidar com questões ainda mais complexas e relevantes. A rapidez com que é promovido, a sua remuneração e, consequentemente, a sua evolução profissional: tudo isso está intimamente ligado à capacidade de solucionar problemas.

Quanto mais você se concentrar nas soluções, mais dessas soluções surgirão e mais valiosa será sua contribuição para a corporação da qual faz parte. Outra dimensão da autoestima é a "autoeficácia". Esse conceito é definido como "o quanto você se sente competente para resolver problemas e alcançar metas". Quanto mais você acredita ser capaz de lidar com os desafios diários, mais positivo é seu julgamento sobre si mesmo. Quanto mais você se valoriza, mais confiante e capaz se torna para enfrentar problemas ainda mais desafiadores e alcançar resultados ainda mais significativos.

O fator determinante do seu sucesso

No trabalho, a capacidade de resolver problemas é um dos principais determinantes daquilo que você conquista. Pessoas com essa competência são bastante admiradas, independentemente da área em que atuam. Por essa razão, uma das definições de sucesso é a "competência para solucionar problemas", e a mesma lógica se aplica à felicidade e à liderança.

Ao praticar a autodisciplina e o autocontrole diante dos inevitáveis problemas e crises da vida cotidiana, você se tornará mais competente e eficaz em tudo o que se propuser a fazer. Você será uma pessoa respeitada e estimada por todos ao seu redor, experimentará uma intensa sensação de poder pessoal e, em pouco tempo, se tornará um dos membros mais valiosos de sua organização.

Exercícios práticos

1. Solucionar problemas é como resolver equações matemáticas: algo que se aprende com a prática e a repetição. Comece identificando os maiores problemas que você enfrenta hoje.

2. Primeiro, assuma total responsabilidade por resolver os problemas que encontrar no seu trabalho e, em seguida, pense nas soluções para esses problemas.
3. Defina claramente o seu maior problema, seja no âmbito profissional, seja no pessoal. Anote-o. Qual é o problema exatamente?
4. Por que isso é um problema? Poderia ser, na realidade, uma oportunidade disfarçada? Se sim, qual oportunidade ou lição esse problema pode conter?
5. De que mais se trata o problema? O verdadeiro problema pode ser algo diferente do que parece à primeira vista e, talvez, algo que você não queira encarar.
6. Quais são todas as possíveis soluções? O que mais poderia ser uma solução?
7. Escolha a solução mais viável neste momento e tome uma atitude imediata para implementá-la.

PARTE III

Autodisciplina
e
o segredo para
uma vida plena

PART III

CAPÍTULO 15

Autodisciplina e felicidade

"Nenhum cavalo chega ao lugar pretendido até ser colocado em um arreio. Nenhum fluxo de água ou combustível impulsiona algo até ser confinado. Nenhum Niágara é transformado em luz e energia até ser canalizado. Nenhuma vida jamais se tornará grandiosa enquanto não for orientada, dedicada e disciplinada".

–Harry Emerson Fosdick

A verdadeira medida do sucesso na vida está na capacidade de conquistar a própria felicidade. Nada é mais importante. Nada pode substituir isso. Alcançar realizações materiais, mas ainda sentir-se insatisfeito, é sinal de que seu potencial pleno como ser humano não foi atingido.

No Capítulo 4, descrevi como os seres humanos são movidos por um espírito resoluto, sempre em busca de metas e resultados. Porém, por trás de cada objetivo, há outro, e mais outro, até chegar ao que chamamos de *primum movum* ou força motriz inicial: *o desejo de ser feliz*. A felicidade plena somente é alcançada por meio da autodisciplina, do autodomínio e do autocontrole. É apenas quando sentimos ter completo controle da própria vida que experimentamos contentamento genuíno.

A Lei do Controle

Em minha obra *Realização Máxima*, destaco a extrema importância da Lei do Controle, que afirma: "A felicidade está profundamente ligada à sensação de ter controle sobre a própria vida, enquanto a infelicidade surge ao sentir que esse controle foi perdido ou está nas mãos de outras pessoas ou circunstâncias".

Psicólogos chamam isso de *"locus* de controle". Com base em cinco décadas de pesquisa e centenas de estudos, concluiu-se que o estresse e a infelicidade têm origem na percepção de controle externo. A diferença está entre um *"locus* de controle interno" (associado à felicidade) e um *"locus* de controle externo" (associado à infelicidade).

Ter um *locus* de controle *interno* significa sentir que está no comando da sua vida, tomando suas próprias decisões e acreditando que, em grande medida, o que acontece com você é resultado das suas escolhas. Sentir-se no controle das rédeas da sua trajetória inspira força, propósito e felicidade.

Já um *locus* de controle *externo* se manifesta quando você sente que não tem controle sobre a própria vida. Imagine, por exemplo, sentir-se dominado por um chefe arbitrário, sem, contudo, poder arriscar perder o emprego por lhe faltarem reservas financeiras. Isso te faz experimentar altos níveis de ansiedade e estresse, o que, por sua vez, leva a um desempenho ruim no trabalho, aumentando as suas chances de ser demitido, exatamente o que você tanto teme.

Outro exemplo é a sensação de estar preso a um casamento ou relacionamento ruim, do qual parece ser impossível escapar. Você também pode sentir-se controlado pelas contas, dívidas e obrigações para manter seu padrão de vida ou, ainda, pela sua condição física ou falta de instrução.

Muitos acreditam ser prisioneiros do passado, especialmente de uma infância difícil, e sentem que nada pode ser feito para mudar essa realidade.

Muitos acreditam ser controlados por suas próprias personalidades, convencendo-se de que não têm capacidade de mudar para melhor: "É assim que sou, e ponto". Ao dizer isso, isentam-se de toda a responsabilidade de adotar a disciplina e a força de vontade necessárias para implementar as mudanças que sabem ser fundamentais para viver a vida que almejam e encontrar a felicidade.

A chave para substituir um *locus* de controle *externo* por um *locus* de controle *interno* é decidir, *hoje* mesmo, governar a própria vida. Reconhecer e aceitar que você toma as próprias decisões e que está onde está e é o que é por causa de si mesmo. Se há alguma área na sua vida na qual não se sente feliz, discipline-se a fazer o que for preciso para mudar essa situação.

A razão para a felicidade

A diferença entre a sua realidade atual e as condições que você considera fundamentais para ser feliz costuma ser o que define seu estado de felicidade ou infelicidade. Isso, portanto, depende principalmente da sua própria avaliação e decisão.

Segundo um antigo ditado, "o sucesso é conseguir o que você quer; a felicidade, querer o que você consegue". Quando renda e vida estão alinhadas com metas e expectativas, e você está satisfeito com sua situação, sente-se feliz. Em contrapartida, se, por qualquer razão, sua situação atual difere do que realmente deseja e espera, isso acaba por fazer crescer em você insatisfação e infelicidade.

Esse estado de contentamento é algo que sempre pode mudar. No início da carreira, por exemplo, uma renda anual de US$50.000 pode parecer uma conquista imensa. Contudo, ao atingir essa meta, as expectativas aumentam, e você pode começar a se sentir insatisfeito por não estar ganhando US$100.000 ou mais. Há gente que, mesmo ganhando 1 milhão por ano, ainda se sente insatisfeita.

A felicidade é uma consequência

O interessante sobre a felicidade é que ela não é um objetivo que você possa simplesmente mirar e alcançar. A felicidade é uma *consequência* que se manifesta quando você se dedica a algo que de fato aprecia, ao lado de pessoas que respeita e valoriza. Earl Nightingale, talvez o comentarista de rádio mais famoso e respeitado no campo do sucesso, disse que "a felicidade é a realização progressiva de um ideal nobre". Ao perceber que está avançando em direção aos seus maiores objetivos, passo a passo, você naturalmente sente felicidade. Essa sensação vem acompanhada de satisfação, contentamento e um profundo senso de crescimento e bem-estar.

Os 5 ingredientes para a felicidade

Como dito, a autodisciplina é um elemento essencial para a felicidade. Ela exige que você tenha uma definição clara do que a felicidade representa para você e trabalhe de maneira consistente para alcançar essa condição ideal.

Ao longo de minha trajetória e com base nos ensinamentos que compartilhei, identifiquei 5 ingredientes para a felicidade. A ausência de qualquer um desses elementos pode gerar estresse, tristeza e uma sensação de descontrole.

1. *Saúde e energia.* Esse é, talvez, o elemento mais importante para uma vida plena. Trata-se de algo que buscamos incessantemente, e é apenas quando desfrutamos de altos níveis de saúde, livres de dor e recebendo um contínuo fluxo de energia que nos sentimos verdadeiramente felizes.

Em muitos casos, a saúde é uma "necessidade de carência", ou seja, você não reflete muito sobre ela até o momento em que é *privado* dela. Por exemplo, você não costuma pensar muito a respeito dos seus dentes até sentir uma dor de dente. Não costuma pensar muito no seu corpo como um todo até começar a sentir dores ou desconfortos de algum tipo.

É preciso disciplina e força de vontade ao longo da vida para alcançar e manter altos níveis de condicionamento físico e saúde. Os capítulos 16 e 17 abordam esses temas com mais detalhes.

2. Relacionamentos felizes. Cerca de 85% da sua felicidade – ou infelicidade – são provenientes dos seus relacionamentos com outras pessoas. Nas palavras de Aristóteles, "O homem é um animal social". Fomos criados para funcionar em sociedade, trabalhando e convivendo com outras pessoas em todas as fases de nossa vida.

Estabelecer e manter relacionamentos genuínos – com parceiros, filhos, amigos, colegas e outras pessoas – é o verdadeiro reflexo da evolução da sua personalidade e saúde mental. Indivíduos de autoestima elevada e que se respeitam tendem a se relacionar melhor e experimentar uma vida muito mais feliz.

Um dos maiores erros que cometemos é ignorar a importância desses laços. Por vezes, não refletimos sobre eles até que surja um problema, quando, então, não conseguimos pensar em nada mais.

3. Trabalho com propósito. A verdadeira felicidade só é possível quando você está totalmente comprometido com a vida. Faça coisas que te mantenham ativo e lhe proporcionem uma sensação de satisfação pessoal. No trabalho, busque algo que você realmente aprecie, desempenhe com excelência e seja recompensado de maneira justa.

As pessoas são felizes quando sentem que estão *contribuindo* de alguma forma, que estão dando mais do que recebendo. É preciso sentir que o que você realiza faz diferença real na vida e no trabalho de outras pessoas.

Em pesquisas sobre motivação, empregadores com frequência associam a motivação dos funcionários principalmente ao dinheiro e aos benefícios. Contudo, quando consultados, os próprios funcionários indicam que os três principais fatores que mais os motivam são:

- um trabalho estimulante e desafiador;
- oportunidades de crescimento;
- boa convivência com os colegas de trabalho.

Uma de suas maiores responsabilidades consigo mesmo é encontrar o trabalho certo para você, para, então, dedicar-se a ele de coração. Se, por qualquer motivo, não sentir essa motivação, isso pode ser um sinal de que falta um ou mais dos três componentes fundamentais descritos acima para um ambiente de trabalho saudável. Talvez seja hora de questionar se de fato é o lugar certo para você.

4. Independência financeira. Alguns dos maiores medos que enfrentamos são os da perda, do fracasso e da pobreza. Tememos ficar sem dinheiro, sem recursos e dependentes dos outros. Por isso, uma das suas principais responsabilidades consigo mesmo é trabalhar em busca da liberdade financeira. As pessoas mais felizes são aquelas que chegaram a um ponto em sua vida em que não precisam mais se preocupar com dinheiro. Isso não é algo que pode ser deixado ao acaso; exige uma ação planejada, com propósito claro e uma forte autodisciplina para ser alcançado.

Quando você percebe uma grande disparidade entre sua situação financeira atual e onde gostaria de estar, é comum surgirem sentimentos de estresse, preocupação e insatisfação.

5. Autorrealização. É a sensação de que você está prestes a se tornar tudo o que é capaz de ser. Abraham Maslow, amplamente reconhecido por sua Hierarquia das Necessidades, identificou que as pessoas têm tanto "necessidades de carência" quanto "necessidades de crescimento". Elas buscam tanto compensar suas deficiências quanto alcançar o máximo de seu potencial.

O estudioso concluiu que o desenvolvimento pessoal atinge seus níveis mais elevados apenas quando as necessidades de carência, que estão na base da pirâmide, são primeiro atendidas.

Necessidades de carência. A primeira necessidade de carência envolve as *necessidades básicas*, que incluem alimentação, água, roupas e moradia adequados para garantir a preservação da vida e do bem-estar. Se, por qualquer motivo, sua sobrevivência for ameaçada, sua atenção se voltará totalmente para a satisfação dessas necessidades. Você experimentará um estresse intenso e um grande desconforto até que sua segurança seja restaurada. Um exemplo disso seria estar em uma situação de risco de morte, em que o foco passa a ser o da preservação da existência.

A segunda necessidade de carência identificada por Maslow é a necessidade de *segurança*. Ela abrange as seguranças financeira, emocional e física. Você precisa ter dinheiro suficiente para se sustentar, segurança nos relacionamentos (seja no trabalho, seja em casa) e segurança física para garantir que não esteja exposto a nenhum tipo de perigo. Caso essas necessidades de segurança sejam ameaçadas, sua atenção também se volta inteiramente a elas. Um exemplo disso seria perder o emprego de maneira inesperada: como você reagiria?

A terceira necessidade de carência identificada por Maslow diz respeito aos *aspectos sociais*. Todo ser humano tem a necessidade de estabelecer conexões com outras pessoas, tanto no ambiente doméstico quanto no profissional. Você precisa ser reconhecido e aceito pelas pessoas ao seu redor. Você precisa se sentir à vontade em seus relacionamentos e ser visto e aceito como parte integrante de um grupo ou de uma equipe.

Necessidades de crescimento. Uma vez alcançado um nível satisfatório em cada uma dessas necessidades básicas, você passa a buscar a satisfação das necessidades superiores, como a autoestima e a autovalorização, que são necessidades de "crescimento". A autoestima é o alicerce da sua personalidade e influencia significativamente a forma como você reage aos acontecimentos da vida. Tudo o que você faz, de alguma maneira, está ligado ao objetivo de fortalecer sua autoestima ou protegê-la de ser abalada.

Sua autoestima – a forma como você se sente a respeito de si mesmo, o quanto se gosta e se valoriza – determina sua felicidade mais do que qualquer outro elemento isolado.

A autoestima é influenciada por diversos fatores. Quando você é aceito e valorizado pelos outros, vive de acordo com seus valores mais importantes, realiza um trabalho de qualidade e recebe reconhecimento por isso, além de seguir progredindo em direção aos seus ideais, é natural que se sinta feliz e realizado, com um grande senso de controle sobre a própria vida.

A necessidade humana mais elevada. A necessidade mais elevada identificada por Maslow é a da *autorrealização*. O estudioso concluiu que menos de 2% da população atinge esse nível de realização pessoal. A maior parte das pessoas está tão envolvida em atender suas necessidades básicas, melhorar sua autoestima e satisfazer suas necessidades de ego que pouco se dedica à autorrealização. No entanto, é somente quando você começa a reconhecer todo o seu potencial e busca fazer, ser e ter mais em diferentes áreas da vida que passa a vivenciar a autorrealização e a verdadeira felicidade.

As pessoas mais felizes são aquelas que têm a sensação de estar fazendo algo significativo e valioso com sua vida, percebendo-se em constante *expansão* e superando suas próprias conquistas anteriores. Indivíduos em busca da autorrealização podem estar por aí, escrevendo livros ou criando obras de arte, escalando montanhas ou participando de competições esportivas, erguendo empreendimento ou atingindo o auge de suas carreiras.

O que torna a necessidade de autorrealização tão especial é que ela nunca poderá ser totalmente satisfeita. À medida que continua se dedicando ao longo da vida a ser, fazer e conquistar mais do que antes, você vivencia um fluxo constante de felicidade e contentamento. Você se vê se tornando cada vez mais aquilo que foi realmente destinado a ser.

Jamais se dê totalmente por satisfeito

Em todas essas áreas, sempre que exerce autodisciplina e força de vontade para não ceder ao caminho mais fácil, sua felicidade consigo mesmo se intensifica; quando dá um salto de fé na direção dos seus sonhos e se disciplina a continuar, apesar de todos os pesares, você se sente poderoso. Sua autoestima e autoconfiança aumentam, e conforme avança passo a passo rumo aos seus ideais, experimenta uma verdadeira sensação de felicidade.

No próximo capítulo, você aprenderá como incorporar a autodisciplina em seus *hábitos de saúde* para alcançar uma vida longa, plena e saudável.

Exercícios práticos

1. Identifique as áreas da sua vida nas quais você se sente mais feliz e mais no controle. O que poderia ser feito para expandi-las?
2. Identifique as áreas da sua vida nas quais você se sente controlado por outras pessoas ou fatores externos. O que poderia ser feito para reverter essa situação?
3. Identifique as áreas da sua vida nas quais você percebe uma diferença entre o que já conquistou e o que deseja alcançar. O que poderia ser feito para preencher essas lacunas?
4. Identifique as necessidades mais urgentes que você tem hoje e que não estão sendo atendidas. Como você poderia começar a suprir essas carências?
5. Identifique as atividades que lhe proporcionam a maior sensação de felicidade pessoal, experiências que foram o ponto alto da sua vida. O que você poderia fazer para ter mais desses momentos de felicidade?
6. Identifique as áreas da sua vida nas quais você se sente mais descontente. Quais ações imediatas poderiam ajudar a mudar isso?
7. Defina o que significa "felicidade" para você. O que precisaria acontecer para que você se sentisse verdadeiramente feliz? O que poderia fazer de imediato para viabilizar essa condição?

CAPÍTULO 16

Autodisciplina e saúde

"Autorrespeito é o fruto da disciplina. O senso de dignidade cresce com a capacidade de dizer para si: não."

–Abraham Joshua Heschel

Hoje, como nunca antes visto na história humana, mais pessoas vivem com qualidade de vida e longevidade. Seu objetivo deve ser estar entre essas pessoas. Contudo, manter hábitos saudáveis exige uma das formas mais rigorosas de autodisciplina, demandando dedicação contínua ao longo do tempo, especialmente quando se trata da saúde – um dos pilares essenciais da felicidade, como mencionado no Capítulo 15.

A expectativa de vida média na atualidade (2009) é de 76,8 anos para homens e de 79,8 anos para mulheres, ou aproximadamente 80 anos, números que continuam a crescer. Isso significa que cerca de metade da população vive menos de 80 anos, enquanto a outra metade ultrapassa essa marca. Por que não se dedicar a superar essa média, buscando viver até os 90, 95 anos ou quem sabe até mais?

Vivendo uma vida longa

A maioria das causas de mortes precoces que encurtavam sobremaneira a vida no passado foi eliminada nos países industrializados. Doenças como tuberculose, poliomielite, malária, cólera e tifo foram praticamente erradicadas graças aos avanços no saneamento básico e na medicina moderna.

Doenças cardíacas, tipos de câncer diversos, diabetes e acidentes de trânsito figuram atualmente entre as causas predominantes de morte precoce, todas, até certa medida, sujeitas a seu controle.

Embora não seja possível se proteger contra o que é imprevisível, como acidentes casuais, a autodisciplina pode ser uma ferramenta importante para gerenciar aspectos da sua vida que estão sob seu controle.

Os 7 hábitos fundamentais para uma vida saudável

O Estudo Alameda, conduzido ao longo de mais de duas décadas com milhares de participantes, identificou sete hábitos fundamentais como os principais responsáveis por promover uma vida saudável e longeva.

1. *Coma regularmente.* Evite jejuns prolongados, passar fome ou exagerar nas refeições. Prefira fazer refeições equilibradas e saudáveis, de cinco a seis vezes ao dia, com a última refeição principal pelo menos três horas antes de dormir.
2. *Coma com moderação.* O excesso de comida pode causar cansaço e letargia, enquanto refeições leves dão energia e disposição. Como escreveu Thomas Jefferson: "Nunca houve alguém que tenha se arrependido por ter comido de menos após uma refeição".
3. *Não fique beliscando entre as refeições.* Quando você come, seu corpo precisa quebrar e digerir os alimentos no estômago antes que eles

sigam para o intestino delgado, um processo que leva de quatro a cinco horas. Se você comer novamente antes de a digestão anterior ser concluída, o corpo precisará reiniciar o processo, com partes dos alimentos em diferentes estágios de digestão. Isso pode resultar em sintomas como dor de estômago, azia, sonolência (especialmente à tarde) e constipação.
4. *Exercite-se regularmente.* O ideal é praticar cerca de 30 minutos de atividade física por dia, ou 200 minutos por semana. Isso pode ser feito por meio de atividades como caminhada, corrida, natação ou uso de equipamentos. Também é importante garantir o movimento completo de todas as articulações diariamente.
5. *Use o cinto de segurança.* Até os 35 anos, a causa mais comum de morte prematura são os acidentes de trânsito.
6. *Não fume.* O ato de fumar tem correlação com trinta e duas doenças diferentes, incluindo câncer de pulmão, câncer esofágico, câncer de garganta, câncer de estômago, doenças cardíacas e uma série de outros problemas de saúde.
7. *Beba álcool com moderação.* Estudos indicam que uma a duas taças de vinho por dia podem auxiliar na digestão e trazer benefícios para a saúde geral. No entanto, qualquer quantidade acima disso pode levar a agravar diversos problemas, incluindo acidentes de trânsito, transtornos de personalidade, comportamentos antissociais e alimentação descontrolada.

Cada um desses sete fatores que contribuem para uma vida longa depende inteiramente da autodisciplina. Eles são uma questão de escolha – ações que você pode optar por realizar ou não, de maneira deliberada. Estão completamente sob seu controle.

Os 5 Ps para uma excelente saúde

Em meus seminários de desenvolvimento pessoal, ensinamos os cinco Ps para uma excelente saúde:

1. Peso adequado. Isso requer o exercício regular da disciplina e da força de vontade para chegar ao seu peso adequado e então mantê-lo ao longo da vida. A recompensa, no entanto, é enorme. Você parece bem, sente-se bem e, normalmente, mais positivo e no controle da sua vida.

2. Planejamento alimentar. Como dito por Benjamin Franklin: "Coma para viver; não viva para comer". Segundo estudos com atletas olímpicos de mais de 120 países, três são os fatores comuns em suas dietas:

- proteína magra;
- grande variedade de frutas e vegetais;
- muita água, cerca de oito copos por dia.

3. Prática de exercícios físicos. O exercício mais importante para uma vida longeva é o aeróbico. Para obter seus benefícios, é preciso elevar a frequência cardíaca por 30 a 60 minutos, três vezes por semana. Atividades como caminhada rápida, corrida, ciclismo, natação e esqui cross-country são ótimas opções de exercícios aeróbicos.

Fisiologistas do exercício descobriram que o "efeito do exercício" começa após cerca de 25 minutos de atividade vigorosa. Nesse ponto, o cérebro libera endorfinas, que provocam uma sensação de euforia, comumente chamada de "barato do corredor". Essa substância natural produzida pelo seu corpo pode tornar-se viciante de maneira muito positiva.

Aqueles que incorporam o exercício regular e intenso à sua rotina descobrem, com o tempo, que a prática se torna progressivamente mais fácil.

Isso, por sua vez, os faz ansiar pela sensação de bem-estar e felicidade que surge como resultado.

4. Período de descanso reparador. Trata-se de um item muito importante. Mais de 60% dos adultos não dormem o suficiente. Sofrem do chamado "déficit de sono". Eles vão para a cama um pouco tarde demais, dormem mal, acordam um pouco cedo demais e passam o dia inteiro em uma espécie de "estado de confusão". A falta de descanso adequado afeta o desempenho, resulta em mais erros, aumenta os riscos de acidentes no trabalho e no trânsito, além de gerar explosões de raiva e problemas de comportamento.

Se você leva uma vida normal e trabalha com regularidade, precisará de cerca de oito horas de sono por noite. Dormir apenas seis ou sete horas, quando o recomendado são oito, começa a criar o déficit de que falamos. E então, chegada a quinta ou sexta-feira, a primeira coisa que vem à sua mente ao acordar é quanto tempo poderá dormir à noite. Se esse é o seu pensamento logo pela manhã, é sinal de que não está dormindo o suficiente.

Além das oito horas de sono diárias, você precisa de intervalos regulares do trabalho, incluindo finais de semana e férias. Quando tira um tempo de folga, permite que suas baterias mentais e emocionais se recarreguem. Após um fim de semana de dois ou três dias, ao voltar ao trabalho, você estará completamente renovado e pronto para, mais uma vez, dar o seu melhor.

5. Postura mental positiva. Esse é, talvez, o elemento mais importante de todos. A qualidade mais associada à saúde, à felicidade e à longevidade é o "otimismo". Quanto mais você adota uma postura otimista em relação a si mesmo e à sua vida, mais sua saúde tende a melhorar em todos os aspectos.

Indivíduos otimistas e positivos geralmente possuem sistemas imunológicos mais robustos, o que faz com que adoeçam com menos frequência. Raramente pegam resfriados ou gripes e se recuperam com rapidez de períodos de trabalho intenso ou fadiga. É como se o otimista carregasse consigo uma espécie de "escudo de Teflon" interno, que o defende de muitas das doenças e dos problemas de saúde que acometem a pessoa comum.

Mantenha o peso sob controle

O maior problema relacionado à autodisciplina que as pessoas enfrentam hoje é a ingestão excessiva de alimentos e o consequente *sobrepeso*. Mais de 60% dos norte-americanos estão oficialmente com sobrepeso e mais de 30% são considerados obesos, sendo este o caso quando o peso está 30% acima do normal.

Você provavelmente ouviu dizer que "dietas não funcionam". O que isso realmente significa é que, quando você se submete a uma dieta restritiva para perder peso, tende a recuperá-lo quase tão rapidamente quanto o perdeu. Existem várias razões para isso. Cada pessoa tem uma taxa metabólica específica, que é a velocidade com que o corpo queima energia. Essa taxa metabólica é determinada ao longo da vida pela quantidade de alimentos que você consome em relação à quantidade de exercício que realiza para queimá-los. Além da taxa metabólica, você tem o chamado "ponto de ajuste". Esse é o peso em que seu corpo se estabiliza, como um termostato, e para o qual ele tende a retornar, não importa quanto você perca com dietas radicais.

Altere seu ponto de ajuste

Para perder peso de modo permanente, você precisa alterar o seu ponto de ajuste para um valor mais baixo. O primeiro passo é criar uma imagem *mental* clara de como você se verá ao atingir seu peso ideal. Uma sugestão é pegar uma foto de alguém cujo corpo você considere como referência e substituir o rosto dessa pessoa pelo seu. Em seguida, inicie um processo *gradual* de mudança permanente na qualidade e na quantidade dos alimentos que você consome, com a intenção de nunca mais voltar aos antigos hábitos. Esteja preparado para dedicar pelo menos *um ano* a esse processo de transformação. Lembre-se: se você está acima do peso, isso não aconteceu da noite para o dia. Portanto, esteja disposto a investir tempo e esforço para atingir seu objetivo.

O erro fatal nas dietas

Muitas pessoas fazem dietas e emagrecem com a ideia de que, ao atingir determinado peso, podem se recompensar com uma refeição deliciosa ou uma infinidade de sobremesas. Ou seja, usam a própria comida como recompensa pela perda de peso, uma abordagem, claro, fadada ao fracasso.

Em vez disso, por que não criar um sistema de recompensas para si mesmo que não envolva comida? Compre roupas novas que só usará quando atingir o peso desejado. Planeje uma viagem com sua família para um lugar onde possam se divertir juntos. Faça uma aposta com alguém, desafiando-se a perder peso e mantê-lo por um ano.

A fórmula para a perda de peso permanente

A chave para uma saúde perfeita pode ser resumida em cinco palavras: "Coma menos e exercite-se mais". O único caminho para perder peso de modo permanente é queimar mais calorias do que consome. Não há outra forma. Além disso, será preciso um esforço prolongado, especialmente se você permitiu que o excesso de peso se acumulasse ao longo dos anos.

No meu programa "Pensando Grande", ensinamos a importância de evitar os três venenos brancos: açúcar, sal e farinha.

Livre-se do açúcar. Para alcançar perda de peso duradoura e desfrutar de altos níveis de saúde e energia, você deve eliminar todos os açúcares simples da alimentação. Esses açúcares, presentes em doces, bolos, tortas, sobremesas, refrigerantes, frutas em conserva, entre outras fontes que consumimos em grandes quantidades diariamente, não são necessários para uma boa saúde. Simplesmente por cortar o açúcar e os alimentos que o contêm, você pode começar a perder até 500g por dia.

Evite o sal. Além do açúcar simples, você deveria eliminar todo o sal adicional da sua alimentação. O norte-americano médio já consome sal suficiente com a alimentação diária, mas ainda ingere cerca de nove quilos extras de sal por ano devido ao consumo de alimentos com alto teor de sódio e à adição de mais sal nas refeições. Quando o consumo de sódio é excessivo, o corpo retém água para manter o equilíbrio desse sal. Portanto, a partir do momento em que você passa a reduzir a ingestão de sal e, simultaneamente, a beber cerca de oito copos de água por dia, o organismo começa a liberar o excesso de líquido. Isso pode resultar em uma perda de peso de 1,8 a 2,3 kg já no primeiro dia.

Evite produtos que contenham farinha branca. Por fim, elimine alimentos feitos com farinha branca da sua alimentação, como pães diversos, bolos, massas, roscas e outros produtos que a contenham. A farinha branca é uma "substância inerte", que sofre um processo no qual seus nutrientes são retirados e depois passa por branqueamento químico. Quando você encontra a expressão "pão branco enriquecido" em uma embalagem, isso significa que a farinha branca, essencialmente um alimento sem valor nutricional, foi fortificada com vitaminas artificiais e químicas, muitas das quais se perdem ao irem ao forno.

Uma simples mudança na alimentação

Não muito tempo atrás, um homem de 32 anos, morador da Flórida, escreveu-me uma carta. Nela, contou que há muitos anos acompanha meus livros e programas educacionais e que havia atingido um patamar de sucesso financeiro e profissional que superou todas as suas expectativas. Apesar disso, seguia lutando contra 10kg extras, sem sucesso, mesmo tentando de tudo.

Foi então que, ao ouvir *Pensando Grande*, ele começou a refletir a respeito de meus comentários sobre os três venenos brancos. Felizmente, ele era tanto um homem disciplinado quanto determinado, e conseguiu abandonar de vez o consumo desses alimentos.

Ele relatou que o que aconteceu a seguir foi extraordinário. Em apenas seis meses, havia perdido 10 quilos e, quando me escreveu, já mantinha o peso por dois anos. Também revelou que se via como uma nova pessoa, mais confiante, mais atraente para as mulheres e com uma autoestima renovada. Desde a perda de peso, sua vida havia dado um salto positivo.

Rumo ao centenário

Sua meta de vida deve ser desfrutar do melhor estado de saúde e energia possível. Isso implica escolher os alimentos certos em porções *menores*, adotar uma rotina consistente de exercícios e movimentar todas as articulações do corpo diariamente.

Descanso e recreação são indispensáveis para desfrutar de uma saúde física plena. Acima de tudo, é essencial adotar uma mentalidade positiva, focando nos aspectos positivos das circunstâncias e mantendo-se firme no propósito de ser uma pessoa otimista e resiliente.

Em cada uma dessas áreas, o exercício da autodisciplina e da força de vontade lhe dará recompensas muito superiores ao esforço empregado. Cultivando a autodisciplina nos seus hábitos de saúde, você poderá desfrutar de uma vida mais longa e plena do que jamais imaginou. No Capítulo 17, exploraremos mais ideias, com foco especial em exercícios físicos e em como alcançar um excelente condicionamento físico.

Exercícios práticos

1. Visualize sua saúde ideal: Se pudesse, como em um passe de mágica, alcançar uma saúde **perfeita** em todos os aspectos, o que seria diferente em relação a hoje?
2. Decida fazer o resto da sua vida o **melhor** da sua vida. Qual é a primeira coisa que você deveria mudar ou fazer?
3. Faça um check-up completo e peça recomendações ao médico sobre como atingir níveis excepcionais de saúde física. Em seguida, *siga* esses conselhos.
4. Determine seu peso ideal e estabeleça-o como uma meta. Use o método de definição de metas aprendido no Capítulo 4 para elaborar um plano e mantê-lo por toda a vida.
5. Use o *mindstorming* (também descrito no Capítulo 4) e escreva uma lista com pelo menos vinte respostas para a pergunta: "O que posso fazer diariamente para atingir níveis extraordinários de saúde e energia?"
6. Revise os hábitos e estudos discutidos neste capítulo e atribua a si mesmo uma nota de um a dez, avaliando o quão bem os aplica na prática.
7. Decida uma ação específica que você tomará imediatamente para garantir que viverá até os 80, 90 anos e além.

CAPÍTULO 17

Autodisciplina e condicionamento físico

> *"A resistência mental é multifacetada e de difícil definição. Reflete sacrifício e abnegação. Mas, acima de tudo, é fruto de uma determinação absolutamente disciplinada que nunca se rende. É um estado mental que representa o caráter em prática".*
>
> –Vince Lombardi

Alcançar e manter um alto padrão de condicionamento físico exige uma vida inteira de disciplina e dedicação. O lado positivo? O bom condicionamento físico já é, por si só, uma recompensa. Você não apenas se sente bem enquanto está se exercitando, mas também consigo mesmo, diariamente.

Se o seu objetivo é viver mais e com saúde, não há substituto para a prática regular de exercícios físicos. Felizmente, não é preciso treinar como um atleta olímpico ou competir em um triatlo para alcançar um excelente nível de bem-estar físico. Com ajustes simples no dia a dia, você já consegue integrar exercícios e atividades físicas à rotina, tornando possível alcançar uma boa forma de maneira prática e sustentável.

Ouça quem entende do assunto

Especialistas concordam que, para alcançar os melhores níveis de bem-estar físico, é recomendado praticar de 200 a 300 minutos de exercícios por semana. Isso equivale a sessões de 30 a 60 minutos, realizadas de cinco a sete vezes por semana.

Basta uma caminhada de 30 minutos todas as manhãs, antes do trabalho, ou à noite, após o retorno, complementada aos finais de semana, para colocar você entre as pessoas mais saudáveis de nossa sociedade. Se elevar esse compromisso para 60 minutos por dia, cinco vezes por semana, estará entre os 1% ou 2% mais fisicamente aptos do mundo atualmente.

Comece o dia com energia

O melhor horário para se exercitar é pela manhã. Aqueles que praticam atividades físicas logo ao acordar, por 30 a 60 minutos, têm muito mais chances de transformar o exercício em um hábito diário.

Por outro lado, quem deixa o exercício para o final do dia, após o trabalho, frequentemente se sente cansado demais ou acaba se distraindo com outras tarefas. Isso faz com que procrastine, adiando para o dia seguinte, que, muitas vezes, nunca chega.

Ter disciplina é fundamental para iniciar e sustentar uma rotina regular de exercícios. Porém, fica mais fácil quando você se compromete a fazer isso pela manhã.

Use um truque consigo mesmo

Muitas pessoas (inclusive eu) têm um truque para se exercitar pela manhã: deixam as roupas de treino ao lado da cama, de forma que acabam tropeçando nelas ao se levantar. Antes mesmo de estarem totalmente acordadas, já estão vestidas com as roupas de treino e tênis de corrida, prontas para uma caminhada rápida. Quando percebem, estão no meio do exercício, com o coração acelerado, os pulmões funcionando a pleno vapor e, como resultado, se sentindo ótimas.

É comum ver as pessoas retornando de uma corrida matinal ou de qualquer outro exercício sorrindo, visivelmente mais felizes. Isso se deve ao "efeito do exercício", que começa a agir após cerca de 25 a 30 minutos, fazendo com que o cérebro libere endorfinas e proporcionando uma sensação de euforia e bem-estar.

Eleve sua inteligência

Quem faz exercícios aeróbicos pela manhã costuma se mostrar mais perspicaz, criativo e inteligente ao longo do dia. Esses indivíduos frequentemente apresentam um desempenho *superior* em testes de inteligência e têm mais ideias que ajudam a melhorar seu rendimento no trabalho.

A explicação para isso é simples: ao praticar exercício aeróbico logo pela manhã, você aumenta o fluxo sanguíneo rico em oxigênio para o córtex cerebral, a área do cérebro responsável por pensar, analisar e tomar decisões. Esse processo faz com que se sinta totalmente desperto e alerta desde o início do dia, com efeitos que podem perdurar por horas.

Ao exercitar-se assim que acorda, você acelera o metabolismo. Como resultado, seu corpo continua queimando calorias durante o dia, promovendo a perda de peso por várias horas após o exercício. Além disso, ao praticar atividades físicas, seja de manhã, seja em outro horário, você sente fome. No entanto, como está cuidando do corpo, seu apetite tende a ser direcionado para alimentos nutritivos, reduzindo, assim, o desejo por guloseimas.

Faça do exercício físico parte do seu estilo de vida

Uma das melhores coisas que se pode fazer para alcançar e manter um bom nível de condicionamento físico é entrar para uma academia ou para um centro de bem-estar. Quem sabe até investir um pouco mais contratando um personal trainer para orientar sua rotina de exercícios três vezes por semana ou mais? Você estará muito mais propenso a se disciplinar e manter uma rotina consistente se tiver alguém esperando por você em uma aula ou monitorando seu progresso regularmente.

Hoje, há muita gente contratando personal trainers. Esse profissional pode ir até sua casa ou local de trabalho, ou você pode frequentar uma academia que tenha treinadores disponíveis para ajudá-lo nos equipamentos que queira utilizar.

Em geral, quem contrata um personal trainer costuma ficar satisfeito com os resultados. Essas pessoas acabam percebendo que a responsabilidade diante do treinador exerce uma influência positiva, incentivando-as a comer menos para reduzir o peso a ser queimado e a se empenhar mais nos exercícios, em busca da aprovação do profissional.

Pratique algum esporte coletivo

Praticar esportes coletivos é uma ótima maneira de conquistar e manter um excelente condicionamento físico. Apesar de demandarem mais tempo e dedicação, os benefícios geralmente são incríveis.

Se você faz parte de uma liga esportiva – de beisebol, tênis, futebol, futebol americano, squash ou qualquer outro esporte – e treina regularmente com um técnico, tende a ser mais focado e disciplinado. Isso resulta em treinos mais frequentes e intensos, além de uma condição física melhor e mais enxuta do que a de grande parte das pessoas.

Cultive novos (e melhores) hábitos

O condicionamento físico e o treinamento esportivo exigem níveis tão altos de *disciplina* que, infelizmente, poucos são aqueles capazes de iniciá-los e mantê-los. Para o bem ou para o mal, tudo o que você faz com repetição se torna um hábito, e muitas pessoas perdem o hábito de se exercitar regularmente e nunca o retomam.

Mas nunca é tarde demais. Você pode, a qualquer hora, decidir que terá um excelente condicionamento físico. *Hoje mesmo*, pode tomar a decisão de iniciar uma rotina de exercícios, seja qual for, e tratá-la como um desafio pessoal para testar sua força de vontade e *disciplina* em cumprir essa meta.

Você pode começar agora mesmo

Alguns anos atrás, uma mulher de 68 anos, que morava em uma casa de repouso, interessou-se muito por exercícios físicos. Essa mulher havia tido uma vida de trabalho árduo, criado os filhos, tornando-se avó, e, àquela altura, vivia tranquilamente em um lar para idosos.

Um dia, ela assistiu a um programa de TV sobre *jogging*. Durante o programa, alguns casais na faixa dos cinquenta e sessenta anos, que estavam participando de maratonas, foram entrevistados. Alguns deles haviam começado essa prática há pouco tempo.

A mulher de 68 anos então decidiu que ela, também, queria correr uma maratona. Foi até uma loja e comprou os calçados adequados para caminhar e correr. Naquele mesmo dia, começou caminhando pela vizinhança. Nas semanas seguintes, passou a percorrer distâncias cada vez maiores. Investiu em materiais educativos e buscou orientação sobre como fortalecer e treinar suas pernas para correr.

Progrida gradualmente

Dois meses depois, ela incorporou o *jogging* como parte de sua rotina de caminhada. Passados seis meses, começou a correr como parte de sua rotina de *jogging* e caminhada. Ao final de um ano, correu uma minimaratona em sua comunidade local.

Aos 75, ela já havia completado dez maratonas de 42,195 quilômetros e duas maratonas de 80 quilômetros. E o mais notável: ela nunca havia corrido antes dos 68 anos!

Então, qual é a *sua* desculpa? Se essa mulher de 68 anos conseguiu começar a se exercitar tão tarde na vida, por que *você* não pode? Um dos maiores segredos para uma vida longeva, saudável e cheia de energia é começar um programa de exercícios físicos, praticado de quatro a cinco vezes por semana, e seguir com ele pelo resto da vida.

Exercer autodisciplina e força de vontade para alcançar um alto nível de condicionamento físico e mantê-lo, ano após ano, fará com que você se sinta excelente consigo mesmo.

No próximo capítulo, você aprenderá como a autodisciplina no *casamento* pode ser a chave para uma vida longa de felicidade e realização ao lado de outra pessoa.

Exercícios práticos

1. Hoje é o dia! Tome a decisão de alcançar o melhor condicionamento físico da sua vida nos próximos meses e comece imediatamente.
2. Faça um check-up completo para avaliar sua condição física e seus limites antes de iniciar.
3. Comece caminhando por 30 minutos todos os dias, preferencialmente de manhã, ou, se não for possível, logo após o trabalho.
4. Inscreva-se em uma academia ou clube de saúde, pague por **um ano** e se comprometa a treinar cinco vezes por semana, com sessões de sessenta minutos.
5. Contrate um personal trainer e peça orientação para um programa semanal que inclua exercícios aeróbicos, de força e flexibilidade.

6. Invista em uma esteira, uma bicicleta ou um aparelho elíptico e coloque-o em frente à televisão para que você possa incorporar os exercícios à sua rotina doméstica.
7. Comece aos poucos e vá aumentando gradualmente, praticando por várias semanas até notar uma grande diferença. Tenha paciência, persistência e determinação.

CAPÍTULO 18

Autodisciplina e casamento

"É melhor conquistar a si mesmo do que vencer mil batalhas. Assim, a vitória é sua, não pode ser tirada de você, nem por anjos nem por demônios, céu ou inferno."

– Buda

Sua capacidade de construir e sustentar um relacionamento amoroso duradouro revela traços marcantes de personalidade e caráter.

Homens e mulheres são como duas metades que, unidas, formam uma só unidade. Suas diferenças, quando complementadas, criam a completude desejada pela natureza. Nos relacionamentos amorosos, confiança e respeito são valores imprescindíveis. Embora desentendimentos sejam parte natural da convivência, é a preservação desses valores que garante a durabilidade do casamento. Sem confiança ou respeito, contudo, o relacionamento dificilmente resistirá ao tempo.

Enquanto muitos casamentos terminam em divórcio, com alguns divorciados repetindo o ciclo em novas uniões malsucedidas, há quem consiga manter um único casamento duradouro e feliz por toda a vida. O que explica essa disparidade?

A chave para um casamento feliz

Talvez a razão mais importante para um casamento feliz seja a *compatibilidade*. As duas partes estão idealmente equilibradas entre si, com cada uma possuindo qualidades e características complementares que se combinam de maneira harmoniosa para formar um equilíbrio perfeito.

Embora se diga que "os opostos se atraem", isso é verdade apenas no que se refere ao *temperamento*. Você sempre será mais compatível com alguém que tenha um temperamento oposto ou que contrabalanceie o seu.

Uma pessoa extrovertida e sociável geralmente se complementa melhor com alguém mais reservado, assim como uma pessoa expressiva encontra equilíbrio ao lado de alguém que sabe ouvir. A natureza busca esse equilíbrio de temperamentos para garantir compatibilidade e contentamento na relação.

Afinidades que unem

Mas em todas as outras áreas, especialmente quando falamos de *valores*, são as similaridades que atraem. A tendência é se sentir mais atraído e compatível com aqueles que compartilham seus valores fundamentais.

O amor é sempre uma resposta à *valorização*. Amamos o que mais valorizamos, em nós e nos outros. Quando um casal é genuinamente feliz, é porque compartilha valores comuns em áreas como família, trabalho, filhos, ética, religião e outros aspectos da vida.

Pode-se argumentar que casais felizes também têm diferenças políticas ou religiosas, contudo a verdadeira questão do equilíbrio e da harmonia reside na intensidade com que cada um valoriza algo. Essa intensidade é o fator que determina se a pessoa será rígida em suas crenças ou aberta a ser mais flexível.

As pessoas podem se amar e viver felizes por muitos e muitos anos mesmo apoiando diferentes partidos políticos, desde que a crença política não seja tão importante para nenhum dos dois a ponto de se sobrepor a elementos mais relevantes do relacionamento, como filhos e família.

O amor é a maior das necessidades humanas

Diz-se que "tudo o que fazemos na vida é para receber amor ou compensar a falta de amor". Muitos psicólogos acreditam que a causa fundamental de problemas de personalidade na vida adulta pode ser rastreada ao "amor negado" na infância e adolescência.

Assim como as rosas precisam de chuva, as pessoas precisam de amor. Por isso, quando carentes de amor e aceitação, elas podem passar a desenvolver todo tipo de problemas emocionais e físicos. A verdadeira felicidade só pode ser encontrada quando as necessidades de amor são totalmente satisfeitas. Um matrimônio feliz exige grande autodisciplina e autocontrole. Amar é abnegação e sacrifício, e, quando você ama, o bem-estar da pessoa amada torna-se mais importante que o seu próprio.

Na Bíblia cristã, em uma epístola aos coríntios, o apóstolo Paulo diz: "O amor é sofredor, é benigno; o amor não é invejoso. O amor não trata com leviandade, não se ensoberbece. Não se porta com indecência, não busca os seus interesses, não se irrita, não suspeita mal. Não folga com a injustiça, mas folga com a verdade. Tudo sofre, tudo crê, tudo espera, tudo suporta. O amor nunca falha".[1]

---

[1] Essa fala está em **1 Coríntios 13:4-8**, escrita pelo apóstolo Paulo em sua primeira carta aos coríntios. Este trecho faz parte do capítulo conhecido como "O Hino ao Amor", em que Paulo descreve as características do amor verdadeiro. É amplamente usado em cerimônias e reflexões sobre o amor cristão. (N.T.)

Aceitando diferenças com tolerância e empatia

Cada pessoa é única, com características especiais que a tornam distinta de todas as outras. Cada pessoa tem ideias, gostos, desejos, expectativas e sonhos próprios. Cada pessoa vivenciou experiências que influenciaram sua forma de perceber e interagir com o mundo.

Quando você se envolve em um relacionamento amoroso, por mais que se sintam próximos e compatíveis em muitas coisas, sempre haverá pontos de discordância, insatisfação e descontentamento. Isso é normal e natural e deve ser trabalhado por meio da prática da autodisciplina e do autocontrole sempre que essas diferenças surgirem.

Autodisciplina em um relacionamento implica ser honesto, autêntico, sem tentar se mostrar diferente do que realmente é. Implica expressar seus sentimentos e pensamentos sempre com clareza e sem irritação, além de ouvir os sentimentos e as opiniões do outro com paciência e respeito.

Como homens e mulheres se comunicam

Homens e mulheres se diferenciam em muitos aspectos. Estudos de ressonância magnética indicam que, na comunicação, os homens ativam apenas dois de seus centros cerebrais; as mulheres, sete. É como se os homens tivessem dois faróis para se comunicar, enquanto o cérebro de uma mulher fosse uma árvore de Natal totalmente iluminada.

Os homens têm tendência a processar um *único* estímulo sensorial por vez. As mulheres, por sua vez, conseguem lidar com múltiplos estímulos simultaneamente. Quando um homem está assistindo à TV, por exemplo, ele costuma focar nas imagens e no áudio da tela, sem perceber outros sons ou palavras ditas ao seu redor. Homens, ao dirigir, geralmente precisam abaixar o volume do rádio para ler o mapa. Da mesma forma, ao ouvir rádio ou ver TV, é comum que abaixem o som para atender ao telefone. Homens podem fazer as coisas extremamente bem, mas apenas uma de cada vez. Homens tendem a ser muito focados.

Já as mulheres conseguem falar, preparar a janta, ver TV, ler as correspondências do dia e conversar com os filhos ou o marido. São multidimensionais e podem processar vários dados de maneira simultânea. Podem falar e ouvir ao mesmo tempo e perceber o que as pessoas em volta estão falando ou fazendo.

As mulheres são verdadeiras experts em relacionamentos, muito sensitivas em relação a outras pessoas. Em um evento social, bastam dez minutos para que façam uma análise detalhada de cada indivíduo no recinto. Enquanto isso, o homem que as acompanha provavelmente terá notado pouco ou quase nada. Isso reflete a natureza direta e simples do pensamento masculino em comparação com a atenção detalhista e a sensibilidade feminina às nuances interpessoais.

Um homem pode ligar para a esposa e dizer "Alô", e ela, tendo ouvido apenas uma palavra, imediatamente perguntar: "O que aconteceu?" Por meio de uma palavra ou de um olhar, a mulher consegue perceber uma riqueza de emoções e significados.

Construir um relacionamento demanda esforços

Em razão das tantas diferenças entre homens e mulheres, é preciso muita disciplina para construir e manter um relacionamento duradouro, amoroso e feliz.

A *escuta atenta* talvez seja a base mais importante para a compatibilidade. Quando duas pessoas reservam tempo para ouvir uma à outra com cuidado, a comunicação flui, nutrindo ricamente o amor e a harmonia do relacionamento.

Existem quatro disciplinas simples para uma escuta efetiva. Elas são importantes para os homens em especial, que, notoriamente, não são os melhores ouvintes, sobretudo em relação às mulheres em sua vida. E isso não acontece porque não estão interessados. É apenas uma questão de foco.

As disciplinas da escuta

Ouça atentamente. A primeira disciplina é ouvir atentamente, sem interrupções. Ouça como se a outra parte estivesse prestes a lhe revelar um grande segredo ou os números premiados da loteria, e você tivesse apenas uma oportunidade de ouvi-los.

Se for um homem, quando uma mulher quiser conversar com você, deixe de lado todas as possíveis distrações. Desligue a televisão ou o rádio. Deixe o jornal ou a correspondência de lado. Olhe diretamente para ela, incline-se ligeiramente para a frente e concentre-se no que ela está dizendo. Segundo o livro *Ela precisa, ele deseja*, a necessidade primordial de uma mulher é a *afeição*, que se reflete na atenção plena que o homem dedica a ela durante uma conversa. Essa atitude transmite o quanto ela é importante, satisfazendo seus anseios mais íntimos de ser valorizada, respeitada e reconhecida.

Pense antes de responder. A segunda disciplina da escuta consiste em fazer uma pausa antes de responder. Reservar alguns segundos para refletir sobre o que foi dito ajuda a evitar interrupções e mostra que você valoriza e considera as palavras da outra pessoa.

Outra vantagem da pausa, de permitir momentos de silêncio durante uma conversa, é que, com isso, você consegue não apenas ouvir o que foi dito, mas também o que *não* foi dito ou o que foi dito apenas nas entrelinhas. Esse silêncio abre espaço para que a mensagem verdadeira seja absorvida em um nível mais profundo, facilitando uma resposta mais consciente e sensível.

Peça esclarecimentos. A terceira disciplina para uma escuta efetiva é pedir esclarecimentos. Jamais presuma saber automaticamente o que a outra pessoa está pensando ou sentindo. Caso algo não fique claro, pergunte: "O que você quis dizer com isso?" ou "Pode explicar melhor o que você quis dizer?". Esse tipo de pergunta mostra interesse genuíno no que está sendo dito e sinaliza que você de fato se importa em compreender o ponto de vista ou os sentimentos da outra pessoa.

Repita o que foi dito. A quarta disciplina de uma escuta efetiva é dar o seu retorno do que a pessoa disse, *parafraseando-a*. Essa é a "prova de fogo" da escuta. Somente ao repetir com suas palavras o que a outra pessoa falou é que você prova que estava ouvindo com atenção.

Problemas nos relacionamentos geralmente acontecem quando há falhas na comunicação, seja por pouco diálogo, seja pela incapacidade de ouvir com atenção o que o outro tem a dizer.

Toda pessoa sente uma necessidade emocional de se comunicar com o parceiro, tanto para *falar* quanto para *ouvir*, em determinada proporção. Os casais mais compatíveis são aqueles que conseguem equilibrar esses desejos de falar e ouvir, criando um fluxo fluido e agradável de conversas, pontuadas por silêncios confortáveis, em que ambos têm a chance de satisfazer suas necessidades emocionais.

Comprometer-se plenamente é essencial

O amor e o matrimônio demandam total comprometimento de ambos os parceiros. É preciso muita disciplina para "jogar-se de cabeça" em um relacionamento. Essa entrega, no entanto, é também libertadora. Apenas ao comprometer-se de corpo e alma com uma única pessoa é que você se sente livre de verdade para canalizar sua atenção e atingir seu pleno potencial em outras áreas da vida.

Uma das disciplinas mais importantes em um casamento ou relacionamento é a da *fidelidade*. Por vivermos em uma sociedade altamente sexualizada, estamos constantemente expostos a tentações e provocações. Manter-se fiel exige, por vezes, grande autocontrole e autodisciplina ao longo da vida a dois.

Existem duas formas de ajudar a evitar essas tentações, que podem prejudicar e até mesmo destruir os relacionamentos mais amorosos.

Em primeiro lugar, tome a decisão de que você nunca, jamais será infiel ao seu cônjuge. Assim como desenhar uma linha na areia, decida que, aconteça o que acontecer, você não cruzará essa linha por nenhum motivo.

O segundo passo é se disciplinar a ficar longe de situações arriscadas. Recuse-se a frequentar lugares ou participar de atividades em que possa haver tentações. A não ser por motivos profissionais, evite almoçar, tomar drinques ou jantar sozinho com alguém do sexo oposto. Lembre-se: há segurança em meio à multidão.

Faça um esforço diário para criar, em sua mente, a imagem de que, onde quer que você esteja e o que quer que esteja fazendo, seu cônjuge está ao seu lado, observando atentamente suas ações e ouvindo suas palavras. Sempre se imagine como se fosse impossível esconder qualquer atitude, pois tudo o que você fizer será relatado ao seu parceiro dentro de vinte e quatro horas. Isso não é apenas um exercício de imaginação, mas uma prática que alimenta sua disciplina pessoal e sua força de vontade.

Esteja disposto a mudar

Como todo casamento é um "trabalho em progresso", com o passar do tempo é natural que a dinâmica dele se transforme, geralmente de maneiras positivas e construtivas.

Manter um relacionamento feliz, harmonioso e em crescimento exige disposição para se adaptar às inevitáveis mudanças de cenário, especialmente no que diz respeito à chegada e ao crescimento dos filhos. É preciso estar preparado para enfrentar mudanças também com relação à idade, a novos empregos e moradias, a questões financeiras e de saúde. A flexibilidade é algo absolutamente essencial para um casamento feliz e duradouro.

Existem apenas *quatro* formas de transformar sua vida. A primeira é fazer *mais* de algumas coisas. A segunda é fazer *menos* de outras. A terceira é *começar* algo novo, que você nunca fez antes. E, por último, é *parar* de fazer certas coisas de vez. Sempre que estiver enfrentando resistência ou frustração, ou quando se deparar com a necessidade de mudança, pergunte a si mesmo: "Há algo que eu precise fazer mais ou menos, começar a fazer ou parar de fazer?"

As 4 perguntas essenciais a se fazer

É importante, de tempos em tempos, sentar-se com seu cônjuge (e, futuramente, com seus filhos) e ter a coragem de fazer-lhes estas quatro perguntas:

1. Há algo que eu esteja fazendo que você gostaria que eu fizesse mais?
2. Há algo que eu esteja fazendo que você gostaria que eu fizesse menos?
3. Há algo que eu não esteja fazendo hoje que você gostaria que eu começasse a fazer?
4. Há algo que eu esteja fazendo hoje que você gostaria que eu parasse de fazer?

Ao se permitir fazer essas perguntas com frequência ao seu companheiro e aos seus filhos, você vai se surpreender com a qualidade das respostas. Trata-se de uma prática que ajuda a guiar mudanças no seu comportamento, criando um ambiente de mais harmonia, felicidade e amor no relacionamento com o parceiro e com a família.

A pessoa com quem você compartilha a vida deve ser sua melhor amiga

O amor e o matrimônio podem ser considerados os alicerces de uma vida feliz e plena. O amor e o matrimônio exigem um exercício contínuo de autodisciplina e força de vontade para cultivar e preservar a harmonia nos gestos cotidianos. O amor e o matrimônio exigem transparência, honestidade e sinceridade incondicionais.

Acima de tudo, um casamento feliz e amoroso pede que você veja seu cônjuge como seu *melhor amigo*. Não deve haver ninguém com quem você deseje mais estar, nem a quem seja mais sincero e transparente. Quando você vê seu cônjuge como seu melhor amigo e o trata com essa mesma ternura, alimenta um amor capaz de perdurar por toda uma vida.

Nas palavras de Emmet Fox, escritor e mestre espiritual,

> O amor é, de longe, a coisa mais importante de todas. Ele expulsa o medo. É o cumprimento da lei. Cobre uma multidão de pecados. O amor é absolutamente invencível.
>
> Não há dificuldade que o amor não vença; doença que o amor não cure; porta que o amor não abra; obstáculo que o amor não transponha; muralha que o amor não derrube; pecado que o amor não redima.
>
> Não importa quão profunda seja a dificuldade, quão desesperadora seja a perspectiva, quão emaranhado esteja o problema, quão grande seja o erro: uma realização suficiente do amor dissolverá tudo.
>
> Se você pudesse amar o suficiente, seria o ser mais feliz e poderoso do mundo.

No próximo capítulo, você aprenderá especificamente por que a autodisciplina é de tão grande importância na criação de *filhos* felizes, saudáveis e autoconfiantes.

Exercícios práticos

1. Qual é a ação mais importante que você pode tomar, neste momento, para aumentar o amor e a harmonia no seu casamento ou relacionamento?
2. Quais disciplinas ou práticas você poderia desenvolver que melhorariam a qualidade do seu casamento para a outra pessoa?
3. Identifique um comportamento que você poderia adotar para melhorar a comunicação no seu casamento.
4. Sente-se com seu parceiro e pergunte-lhe o que você poderia fazer mais ou menos, começar a fazer ou parar de fazer.
5. Identifique as duas qualidades que mais admira em seu parceiro.
6. Identifique as áreas nas quais você e seu parceiro se consideram mais compatíveis.
7. Identifique os valores mais importantes que você e seu parceiro compartilham.

CAPÍTULO 19

Autodisciplina e filhos

> *A verdadeira disciplina não reside na imposição externa, mas nos hábitos mentais que levam espontaneamente a atividades desejáveis, em vez de a atividades indesejáveis.*
>
> −Bertrand Russell

Você pode calcular o valor ou a importância de algo que faz medindo as possíveis *consequências* de fazê-lo ou não o fazer. Algo importante tem consequências potenciais significativas, como pular na frente de um carro em alta velocidade. Trazer um filho ao mundo tem consequências que podem se estender por cerca de oitenta anos (a expectativa de vida média de uma pessoa atualmente) e além, na vida de seus netos e bisnetos. Esse é o motivo pelo qual se tornar pai ou mãe é uma das coisas mais importantes que você fará na vida.

Como adulto, muitas de suas experiências ainda hoje refletem as decisões e ações que seus avós tomaram – ou deixaram de tomar – em relação aos seus pais. Da mesma forma, a maneira como você trata seus filhos é profundamente influenciada pela forma como seus próprios pais o trataram. Essas dinâmicas geram consequências que atravessam gerações e exercem enorme influência na felicidade e no bem-estar de todos os envolvidos ao longo de sua vida.

Sua maior responsabilidade

Ter um filho exige muita autodisciplina para honrar o compromisso e a responsabilidade que essa decisão envolve. Desde o nascimento do primeiro filho, você assume um compromisso mínimo de 21 anos para fazer tudo o que estiver ao seu alcance para criá-lo de maneira que ele se torne uma pessoa feliz, saudável e autoconfiante.

Em cada estágio da vida de um filho, as palavras, as ações, as omissões e os comportamentos dos pais estão moldando e influenciando o filho e determinando como ele ou ela será como adulto.

A maior necessidade de uma criança é receber um fluxo contínuo de amor *incondicional* e aceitação por parte dos pais. Os filhos necessitam de amor quase tanto quanto de oxigênio. A quantidade de afeto e cuidado recebida por uma criança, especialmente nos anos iniciais, influencia diretamente seu bem-estar e alegria na vida adulta.

Como as crianças soletram "amor"

Como uma criança soletra "amor"? T-E-M-P-O. Uma criança desenvolve sua autoestima avaliando o quanto é valorizada pelas pessoas mais importantes de sua vida, com base no tempo que passam juntas durante seus anos formativos. O tempo é insubstituível e, uma vez perdido, não pode ser recuperado. Não à toa, um dos maiores arrependimentos relatados pelos pais é: "Eu não passei tempo suficiente com meu filho quando ele era pequeno".

Ao se tornar pai ou mãe, você precisa se *disciplinar* a organizar a vida de maneira a passar tempo suficiente com seu filho durante os anos de desenvolvimento da criança. Isso implica colocar essa relação como prioridade, ajustando ou até eliminando compromissos que possam afetar sua capacidade de ser um pai ou mãe atencioso e presente.

Um despertar para a realidade

Alguns anos atrás, um grande amigo meu se casou. Ele era um entusiasta do golfe e jogava regularmente, cerca de cinco vezes por semana. Durante o inverno, quando seus campos de golfe habituais estavam cobertos de neve, ele costumava viajar para o sul dos Estados Unidos para aproveitar as "férias de golfe".

Após quatro anos de casamento, o casal já tinha quatro filhos. Ainda assim, ele continuava tentando jogar golfe várias vezes por semana, tirando tempo da agenda de trabalho durante a semana e jogando nos finais de semana.

Por fim, sua esposa o confrontou, dizendo-lhe que ele não estava passando tempo suficiente com as crianças. O golfe estava tomando dele muitas horas que seriam mais bem aproveitadas em casa, com ela e os filhos, especialmente durante os anos mais delicados da infância deles.

E foi quando ele deu por si que sua vida havia mudado. As coisas que podia fazer quando solteiro já não eram possíveis com filhos tão pequenos. E, sendo uma pessoa altamente responsável e autodisciplinada, ele de imediato reduziu o golfe para uma vez por semana, redirecionando seu tempo e sua energia para a família. Esse amigo depois de um tempo me relatou como aquela decisão havia feito uma diferença extraordinária tanto no casamento quanto no relacionamento com os filhos.

Estabelecendo novas prioridades

Quando você se casa, sua vida passa por uma grande transformação. Seu estilo de vida muda, e muitas das atividades que antes eram habituais perdem relevância e urgência.

Quando o primeiro filho nasce, sua vida muda novamente. A impressão é de que a juventude, como o primeiro estágio de um foguete, ficou para trás, e você agora está em uma trajetória completamente diferente.

Na verdade, não é incomum que casais mudem sua vida drasticamente com a chegada do primeiro filho. Eles reduzem ou até mesmo abandonam muitas de suas atividades sociais anteriores. Param de sair para jantar ou beber com amigos e deixam de frequentar eventos sociais nos finais de semana.

Começam a construir uma vida diferente juntos, agora centrada no lar e nos filhos. As crianças se tornam o foco de seu tempo e atenção. As crianças se tornam o assunto principal de suas conversas.

Pais responsáveis encaram a criação dos filhos como a parte mais importante de sua vida. Planejam e organizam seu tempo e suas atividades para cumprir essa responsabilidade de maneira exemplar.

Pensamento de longo prazo

Filhos te forçam a pensar no longo prazo. Ao se dar conta de que tudo o que fizer ou deixar de fazer com os filhos em seus anos formativos terá impacto por gerações à frente, você passa a ser mais cuidadoso com as coisas que diz e a forma como os trata. Quando se é jovem e solteiro, é possível "viver sem amarras". Pode-se explodir, ficar com raiva, expressar sentimentos livremente e "ser você mesmo". Mas, ao ter um filho, é necessário impor a si mesmo um nível maior de disciplina e autocontrole.

Durante o processo de formação, as crianças são extremamente sensíveis à influência dos pais. Cada palavra e reação que presenciam e vivenciam é absorvida, moldando sua visão de mundo e sua autoimagem.

Em quase todos os casos, quando um adulto apresenta comportamentos disfuncionais, é possível rastrear essas dificuldades até uma parentalidade também disfuncional. Quando esse adulto era criança, seus pais provavelmente disseram ou fizeram coisas que o feriam, confundiam, assustavam e geravam sentimento de insegurança, raiva e inferioridade.

O maior presente que se pode dar é amor

O maior presente que você pode dar aos filhos é fazer com que eles saibam que você os ama 100% do tempo e que seu amor por eles jamais mudará, não importa o que aconteça.

Não há maior bênção para uma criança do que saber com total confiança que as pessoas mais importantes em sua vida – os pais – a amam e a aceitam incondicionalmente, independentemente do que faça ou dos erros que cometa.

Crianças *não são adultos em miniatura*, não têm a capacidade de fazer julgamentos precisos sobre o que é certo ou errado. São necessários muitos anos de tentativa e erro (e, por vezes, experiências difíceis) para desenvolver a sabedoria e o discernimento que lhes permitirão tomar boas decisões para si mesmas e seu futuro.

A forma mais gentil de tratar as crianças quando elas cometem erros é ser calmo e compassivo, ajudando-as a aprender as lições contidas em cada problema ou dificuldade.

Disciplina *versus* desenvolvimento

Muitos pais acreditam que é sua tarefa disciplinar os filhos, punindo-os quando eles cometem um erro. Na década de 1930, quando meus pais estavam crescendo, ensinava-se, de maneira geral, que o papel dos pais era "domar a vontade da criança". Essa filosofia resultou em uma geração de crianças emocionalmente debilitadas, cujos pais acreditavam ser seu dever moldá-las e transformá-las em pequenas versões de pessoas que consideravam aceitáveis.

Mas o fato é: cada criança é única e diferente de todas as outras pessoas no mundo. Cada criança chega ao mundo com seu próprio temperamento, personalidade e inclinações naturais a diferentes interesses e atividades.

Os pais frequentemente ficam surpresos ao perceber que cada um de seus filhos é muito diferente do outro, mesmo sendo criados pelos mesmos pais e crescendo no mesmo lar. Na minha experiência, cada criança "segue seu próprio ritmo".

Independentemente do que faça por ou para eles, eles terão um destino único. Crescerão com uma personalidade particular e se sentirão atraídos por pessoas e atividades particulares. Sua principal missão como pai ou mãe é criar um ambiente no qual eles se sintam seguros e confiantes o bastante para seguir suas próprias inclinações pessoais.

Questione suas crenças

Um filósofo certa vez disse: "Antes de ter filhos, eu tinha quatro filosofias sobre como criar filhos. Agora, tenho quatro filhos e nenhuma filosofia".

Cada criança é diferente de qualquer outra criança e de qualquer outra pessoa. Ao criar seus filhos, portanto, esteja preparado para questionar as crenças mais caras a você a respeito do que eles "deveriam" ou "não deveriam" fazer, falar ou ser. E, acima de tudo, esteja preparado para admitir que talvez você esteja *errado*, porque, acredite, você vai cometer mais erros do que possa imaginar.

A maior responsabilidade que você tem como pai, talvez, seja a de incutir *valores* em seus filhos, especialmente o da autodisciplina. Um dos maiores desejos dos pais é cultivar nos filhos os sensos de autorresponsabilidade e autocontrole. Pais querem que os filhos sejam autodisciplinados, capazes de exercer domínio próprio e adiar gratificações em favor de conquistas mais importantes e duradouras.

Defina o que é um bom exemplo

Albert Schweitzer escreveu uma vez: "O exemplo é a escola da humanidade e só nela os homens poderão aprender".

A influência mais poderosa que você pode exercer sobre os filhos é o exemplo que dá a eles durante todo o seu processo de desenvolvimento. Eles estão sempre atentos, mesmo observando discretamente. Absorvem tudo. Medem e analisam como você se comporta, sobretudo quando está *sob estresse*. Ao perceberem sua postura, principalmente quando você se irrita, se chateia ou erra, criam uma percepção de como os adultos devem se comportar ao interagirem com o mundo.

Seu exemplo, portanto, estabelece o padrão que eles consideram ser a maneira adequada de agir dos adultos em situações diversas, especialmente sob estresse. Se seus filhos admiram e respeitam seu exemplo, buscarão *imitar você* enquanto crescem e seguirão fazendo isso por toda a vida.

Uma boa pergunta a se fazer, repetidamente, é: "Que tipo de família a minha família seria se todos fossem exatamente como eu?"

Seja um modelo de comportamento

Ao praticar autodisciplina e autocontrole, principalmente em momentos de irritação ou frustração, seus filhos aprendem com o exemplo dado. Mais tarde, quando se encontrarem em situações semelhantes, é muito provável que pratiquem a mesma autodisciplina e autocontrole.

Pesquisas recentes revelaram que as crianças formam sua percepção do mundo a partir da observação de como a *mãe* lida com os altos e baixos da vida diária. Se a mãe se mostra calma, relaxada e no controle, as crianças tendem a acreditar que este é um mundo lógico e racional, o que aumenta a probabilidade de elas também adotarem atitudes que transmitam calma e autocontrole. Por outro lado, se a mãe parece frustrada, irritada ou sobrecarregada com muitas tarefas e pouco tempo disponível, as crianças absorvem a percepção de que a vida é confusa e estressante.

Caráter em desenvolvimento

Como pai e mãe, sua missão primeira é transmitir valores e formar *caráter* em seus filhos. Isso envolve ensiná-los sobre a importância dos valores, principalmente da integridade e da verdade. Você se coloca como modelo, demonstrando os comportamentos que espera que seus filhos adotem em situações em que esses valores sejam demandados.

Sendo a integridade o valor central do caráter, uma das qualidades mais importantes a ser ensinada aos filhos é a *sinceridade*. Para a surpresa de muitos pais, as crianças costumam mentir durante o crescimento, com pequenas ou grandes mentiras, e isso, por vezes, gera a sensação de que talvez tenham falhado na criação dos filhos.

Mas não se preocupe: mentir é parte normal da infância. É uma forma de comunicação que as crianças estão testando com você para ver se funciona. Se descobrem que contar mentiras é uma forma efetiva de conseguir o que querem de maneira rápida e fácil, elas então farão isso com frequência.

Uma vez fiz uma pergunta ao meu filho Michael e soube no mesmo instante que a resposta dada por ele era uma completa mentira. Perguntei-lhe, então: "Michael, por que você disse isso? Você sabe que isso é uma mentira descarada!" Michael, que tinha dez anos na época, respondeu com sinceridade: "Ah, eu só queria ver se dava certo".

As crianças vão tentar mentir para ver se funciona. Se não funcionar, elas tentarão outra coisa, e essa outra coisa geralmente é dizer a verdade.

Sempre diga a verdade

Um dia, enquanto minha esposa e eu estávamos lendo um livro que tratava da educação de crianças, um trecho chamou nossa atenção: "Se seus filhos mentem para você, quem os fez, em primeiro lugar, temer contar a verdade?"

Isso abriu nossos olhos. Imediatamente, nos sentamos com eles e dissemos: "De agora em diante, sempre digam a verdade. Prometemos que vocês nunca vão se encrencar por falar a verdade. Mas, se mentirem, vamos ficar chateados, e vocês vão ser punidos. Se contarem a verdade, sempre ficaremos do lado de vocês".

A partir daquele dia, com poucas exceções, nossos filhos "nos testaram" apenas com a verdade. Com o tempo, criaram o hábito de dizer a verdade, não importando o que fosse. E cumprimos nossa promessa. Nunca punimos nossos filhos por dizerem a verdade.

Houve um dia, durante um jantar em família, que um de nossos filhos comentou sobre um amigo que havia lhe pedido para mentir para nós sobre algo que ele planejava fazer.

Meu filho disse: "Eu falei para ele que nunca minto para meus pais". O amigo respondeu: "Todo mundo mente para os pais".

Meu filho repetiu: "Eu nunca minto para os meus pais, porque não preciso mentir para ele. Sempre posso dizer a verdade, que tudo vai ficar bem".

Nossos três filhos ouviram isso e todos concordaram. Eles nos disseram como era ótimo fazer parte da nossa família, porque nunca precisavam mentir para os pais.

A base da autoconfiança

Crianças que falam a verdade se tornam mais honestas e resilientes, com autoestima e autoconfiança elevadas. Têm mais respeito próprio e orgulho pessoal. Olham você nos olhos e dizem exatamente o que estão pensando e sentindo. São muito diferentes das crianças que precisam mentir ou distorcer a verdade para conseguir o que querem dos pais.

Na educação dos filhos, haverá inúmeras situações em que eles dirão ou farão coisas que você desaprova ou que te deixam irritado. Nesses casos, é preciso se disciplinar a pensar antes de agir ou reagir. É preciso se controlar e também seu temperamento. Lembre-se de que o que você faz em momentos de estresse pode ficar gravado na memória do seu filho e afetá-lo por muito tempo.

As crianças absorvem valores tanto pelo ensino quanto pelo exemplo, recebendo essas lições continuamente ao longo de sua formação. Ao ensinar a seus filhos valores como amor – especialmente pelo cônjuge –, compaixão pelos menos favorecidos, generosidade com os necessitados, paciência, tolerância às diferenças, coragem diante das adversidades e perseverança frente aos desafios, eles tendem a internalizar esses comportamentos como modelos a seguir.

O poder do perdão

Um dos valores mais importantes que você pode ensinar aos filhos é o perdão. A incapacidade de perdoar está na raiz de muitas emoções negativas. Quando você pratica o perdão e deixa as coisas seguirem seu caminho, os filhos aprendem a perdoar também. Isso é algo que pode libertá-los de anos de infelicidade causados por ressentimentos, algo que, inevitavelmente, todos vivenciam em algum momento.

Meus pais eram rigorosos e inflexíveis. Tinham uma autoestima baixa, fruto de infâncias difíceis durante a Grande Depressão. Como resultado, uma vez que tomavam uma posição sobre qualquer assunto, por mais equivocada que fosse, nunca conseguiam recuar e admitir que estavam errados.

Decidi, então, que, quando tivesse filhos, faria exatamente o oposto. Desde que minha filha Christina era ainda uma garotinha, sempre que gritava com ela por qualquer motivo, eu ia até ela pedir desculpas logo em seguida. Dizia: "Eu não deveria ter gritado com você. Fiz errado. Você me perdoa?".

Durante a criação dos filhos, eles inevitavelmente cometerão erros enquanto crescem, e, em algumas situações, sua reação pode ser exagerada. A menos que seja um santo, é quase impossível evitar isso. Contudo, quando cometer um erro com um filho seu, tenha coragem e compaixão para perceber que críticas destrutivas vindas dos pais são extremamente dolorosas para uma criança. Volte atrás e retire o que disse. Desculpe-se e peça pelo perdão do seu filho. Mesmo que a criança tenha tido um mau comportamento, isso não justifica reagir de maneira negativa e nociva. Apenas diga: "Fiz errado. Você me perdoa?".

E eles sempre perdoarão. No instante em que se desculpa e pede perdão para seus filhos pelo que quer que tenha feito para machucá-los, você os liberta de quaisquer sentimentos de negatividade ou inferioridade. Ao retratar-se, você permite que eles voltem a ser felizes e confiantes.

A educação dos filhos nunca termina

Ensinar valores e comportamentos adequados aos filhos é um trabalho de uma vida inteira. Não basta uma única conversa sobre honestidade e compaixão e achar que está feito. Você precisa reforçar essa lição, com discussões e exemplos, ano após ano, enquanto seus filhos estiverem ao seu lado.

Em uma carta enviada à colunista Miss Manners, um pai perguntou: "Quanto tempo leva para ensinar boas maneiras à mesa aos meus filhos? Parece que, por mais que eu fale, eles continuam comendo de forma desrespeitosa e bagunçada". Miss Manners respondeu dizendo: "Seja paciente. Pode levar até quinze anos de repetição constante para ensinar boas maneiras à mesa. E, mesmo assim, não há garantias de que sua orientação surtirá efeito".

Seja um modelo para os filhos

Claro, se quer que os filhos se comportem de certa maneira, *você* deve moldar esse comportamento. Se quer que os filhos se vistam de maneira adequada, *você* deve se vestir adequadamente. Se quer que os filhos se cuidem, *você* deve também se cuidar. Se quer que os filhos sejam organizados e eficientes, *você* deve mostrar-lhes o caminho, sendo organizado e eficiente *você* mesmo.

Tenha em mente que seus filhos vão imitar seu comportamento por toda a vida. Pensar assim o motiva a praticar mais autodisciplina e autocontrole, ciente de que as consequências de suas atitudes terão impacto nas trajetórias deles.

A tarefa de criar filhos de autoestima elevada, que sejam positivos e confiantes em si mesmos e em seu valor, é uma das mais valorosas que você pode assumir, e o impacto dessa criação os acompanhará por toda a vida.

Exercícios práticos

1. Quais duas qualidades você gostaria que seus filhos associassem a você ao observarem seu comportamento?
2. Quais duas qualidades você gostaria de desenvolver mais em seus filhos, e o que você pode fazer para ajudá-los a cultivá-las?
3. Se você fosse um modelo exemplar para seus filhos, como se comportaria diferente, a partir de hoje?
4. Quais erros cometidos por seus filhos você precisa perdoar e deixar para trás, começando já?
5. Quais medidas você pode tomar imediatamente para passar mais tempo de qualidade com seus filhos?
6. Quais ações você poderia tomar para incutir a qualidade da honestidade em seus filhos?
7. Como você poderia incentivar e recompensar seus filhos para que desenvolvam mais autodomínio, autocontrole e autossuperação?

CAPÍTULO 20

Autodisciplina e amizade

"Tudo na vida tem um preço. Um preço para fazer as coisas melhorarem, um preço para deixar tudo como está, um preço para tudo".

–Harry Browne

Cerca de 85% da sua felicidade provém de relacionamentos saudáveis com outras pessoas. Infelizmente, porém, por volta de 85% dos seus problemas e da sua infelicidade estarão associados a outras pessoas também. Nos Capítulos 18 e 19, discutimos algumas estratégias para um casamento mais feliz e para criar filhos mais felizes, mas, além da família, claro, as amizades são importantes para seu bem-estar.

Cabe a você, portanto, aprimorar-se nas relações humanas. O aspecto positivo é que essa é uma habilidade que pode ser adquirida. Você pode se tornar uma das pessoas mais populares no ambiente de trabalho e no seu círculo social simplesmente adotando comportamentos que *outras* pessoas populares praticam regularmente.

Nas palavras de Aristóteles, o homem é um animal social. Isso implica que nossa identidade é moldada com base nas nossas relações interpessoais. O que somos e como nos percebemos só se revela nas interações com os outros, e essas trocas determinam nossos destinos.

A essência da personalidade

Segundo os psicólogos, todas as nossas atitudes visam, fundamentalmente, a desenvolver ou a proteger nossa autoestima, evitando que ela seja afetada de maneira negativa pelos outros. Todo indivíduo é altamente sensível ao seu próprio senso de valor e importância pessoal.

Sua autoestima – a forma como você se sente consigo mesmo e o quanto se aprecia – é, em grande parte, determinada pela sua autoimagem, ou seja, pela maneira como você se vê e pensa sobre si mesmo. A autoimagem é composta por três partes, como as extremidades de uma fatia de torta, cada uma tocando a outra:

1. Primeiro, sua autoimagem é definida pela *maneira como você se vê*. Isso afeta diretamente como você caminha, se comunica, age e se relaciona com os outros.
2. A segunda dimensão da sua autoimagem está ligada à forma como você *pensa* que os outros o percebem. Se acredita que as pessoas te apreciam, respeitam e admiram, você tende a se enxergar de maneira positiva, experimentando um senso maior de autoestima e de importância.
3. A terceira dimensão da sua autoimagem está ligada à maneira como os outros *realmente* o percebem e o tratam. Se você acredita ser benquisto e popular, mas é tratado de modo grosseiro ou desrespeitoso, por exemplo, isso pode ser um golpe em sua autoestima. Em contrapartida, se você se vê como uma pessoa comum e os outros te tratam com respeito e consideração, você pode experimentar também um choque, mas este *positivo*, na sua autoimagem.

A chave para a felicidade

Você é verdadeiramente feliz apenas quando sente que as três dimensões da sua autoimagem estão alinhadas, quando sente que a maneira como você se vê, a maneira como pensa que os outros te veem e a maneira como eles de fato te veem, tudo isso parece consistente.

Na vida, você busca por amizades e relacionamentos com pessoas que te fazem sentir confortável com a maneira como se vê e pensa a respeito de si. Estar rodeado por gente que te trata como uma pessoa valiosa e importante eleva a autoestima. Você se sente mais seguro de si, se respeita mais e experimenta alegria na companhia delas.

Na escola, por exemplo, você provavelmente se saía melhor e tirava notas mais altas quando sentia que o professor gostava de você e se importava com você. No trabalho, talvez o principal fator motivacional seja a *consideração* do chefe pelo empregado. Quando um empregado sente que o chefe o estima como pessoa em vez de apenas um funcionário, a tendência é que se sinta mais valorizado e desempenhe suas tarefas com mais dedicação.

A Lei do Esforço Indireto

O segredo para construir e manter relacionamentos e amizades saudáveis é simples: pratique a Lei do Esforço Indireto sempre que interagir com outras pessoas.

É importante se desconectar do seu próprio universo e das suas preocupações para se conectar com as pessoas e tentar entender o que elas estão sentindo ou pensando.

Portanto, se quer ter um amigo, *seja* você, primeiro, um amigo. Se quer que as pessoas gostem de você, *goste* você, primeiro, delas. Se quer que as pessoas te respeitem, *respeite* você, primeiro, as pessoas. Se quer impressionar os outros, deixe-se você, primeiro, ser *impressionado*. Dessa forma, ao se aproximar das pessoas de maneira indireta, você atende às necessidades subconscientes mais profundas delas.

Eleve a autoestima alheia

A maior necessidade subconsciente de um indivíduo é a de se sentir *importante*. E uma vez que você também compartilha essa necessidade, ao aplicar a Lei do Esforço Indireto e focar em fazer os outros se sentirem valorizados, você fortalece a autoimagem dessas pessoas, aumenta a autoestima delas e as faz sentir-se bem com elas mesmas – e, por extensão, com relação a você.

Sempre que diz ou faz algo para aumentar a autoestima de alguém, você desencadeia um "efeito bumerangue" que faz com que a própria autoestima também aumente, na mesma proporção. Não é possível melhorar a forma como alguém se sente consigo mesmo sem, ao mesmo tempo, sentir-se melhor com você mesmo.

É necessário um grande autocontrole e disciplina para se elevar acima de si mesmo. Como dissemos, em vez de tentar fazer com que os outros gostem de você e se impressionem com você, concentre-se você, primeiro, em gostar dos outros e se impressionar com os outros.

7 maneiras de fazer as pessoas se sentirem importantes

A chave para manter um bom relacionamento com outras pessoas é um tanto simples: faça-as sentir-se importantes. À medida que consegue fazer os outros se sentirem importantes – começando pelos membros da sua família e estendendo isso aos seus amigos e colegas de trabalho –, você acaba se tornando popular no seu meio.

Existem sete maneiras de fazer com que as pessoas se sintam importantes, e elas são práticas simples que você pode aprender e aprimorar com a repetição.

1. Aceite as pessoas do jeito que elas são. Um dos anseios mais profundos da natureza humana é ser aceito pelos outros sem julgamentos ou críticas. Os psicólogos chamam esse comportamento de "aceitação positiva incondicional", que ocorre quando você aceita a outra pessoa sem reservas, exatamente como ela é.

Como é tendência do ser humano ser crítico e fazer julgamentos, quando uma pessoa é aceita incondicionalmente por alguém, isso eleva a autoestima, reforça a autoimagem e faz com que ela se sinta feliz consigo mesma.

No filme *O diário de Bridget Jones*, o foco principal estava na descoberta de Bridget de que ela havia encontrado alguém que gostava dela exatamente como ela era, algo considerado incrível. Todos os seus amigos ficaram surpresos com a possibilidade de alguém ter um relacionamento fundamentado na aceitação incondicional do parceiro.

Quando você sorri de maneira genuína para alguém, essa pessoa se sente muito mais feliz consigo mesma. Sua autoestima se eleva, e ela começa a se perceber como mais valiosa. A partir do momento em que você para de pensar em si mesmo e na impressão que está causando nos outros e passa a pensar nos outros e na impressão que eles estão causando em você, você consegue relaxar, respirar fundo e simplesmente sorrir ao encontrá-los e cumprimentá-los, seja em casa, seja no trabalho. Esse simples gesto é um dos comportamentos mais poderosos para fortalecer tanto a autoestima quanto os relacionamentos. Sorrir faz com que as pessoas se sintam valorizadas e especiais.

2. Demonstre apreço pelos outros. Sempre que demonstra apreço por algo que alguém fez ou disse, você contribui para elevar a autoestima dessa pessoa, ajudando-a a se sentir mais importante. Gestos de apreciação – desde simples acenos e sorrisos até cartões, cartas e presentes – fortalecem a autoestima das pessoas e aumentam a admiração que têm por si mesmas. Como consequência, pela Lei do Esforço Indireto, elas também passam a gostar mais de você.

A maneira mais simples de demonstrar apreço é dizer: "Obrigado". A palavra "Obrigado" é altamente valorizada em qualquer língua, em qualquer parte do mundo. Já viajei por noventa países, e a primeira coisa que faço nessas ocasiões é sempre aprender como dizer "por favor" e "obrigado" em cada idioma.

Todas as vezes que essas palavras são usadas, o olhar das pessoas se ilumina. Todas as vezes que você agradece com um "obrigado", provoca um efeito quase mágico, elevando a sensação de importância da outra pessoa e deixando-a mais contente por estar em sua presença e por oferecer ajuda.

3. Seja agradável. As pessoas mais bem-recebidas em quase qualquer situação são aquelas que, de maneira geral, demonstram ser agradáveis e positivas ao interagir com os outros. Em contraste, indivíduos argumentativos, que estão sempre questionando, reclamando ou discordando, raramente são bem-vindos.

Quando você acena, sorri e demonstra concordância ao ouvir alguém expressar ideias ou opiniões, mesmo que não concorde de maneira plena com o que foi dito, faz com que essa pessoa se sinta valorizada e à vontade em sua presença.

Como palestrante profissional, encontro-me com milhares de pessoas todos os anos. Com frequência, elas se aproximam de mim para compartilhar opiniões sobre temas que conheço bem, enquanto elas, claramente, não demonstram ter o mesmo grau de entendimento. Por vezes, chego a ouvir coisas absurdas que não são verdadeiras ou não fazem sentido.

Ainda assim, sorrio e aceno, faço perguntas e as escuto expressar suas ideias e opiniões. Ao final, elas saem com a sensação de que tiveram uma boa conversa comigo e que, talvez, eu concorde com elas. Esse gesto não me custa nada, mas as deixa felizes e as faz se sentir importantes.

4. Mostre admiração. As pessoas geralmente depositam muita emoção pessoal em suas posses, características pessoais e conquistas. Quando você mostra admiração por algo que pertence a elas, isso as faz se sentir bem consigo mesmas. Como dito por Abraham Lincoln: "Todos gostam de elogios".

Expresse admiração pela aparência das pessoas, mencionando itens específicos relacionados ao seu estilo. Homens, por exemplo, sentem-se especialmente lisonjeados ao receber elogios sobre suas gravatas ou seus sapatos, enquanto mulheres gostam de ser elogiadas pelos cabelos ou outros detalhes de seu visual. Afinal, todos gastam tempo se arrumando antes de sair de casa.

Outra forma de elogiar é reconhecer os atributos de um indivíduo, dizendo coisas como: "Você é muito persistente". As pessoas passam uma vida inteira aprimorando suas qualidades, especialmente as positivas, e se sentem honradas quando você as percebe e comenta.

5. Preste atenção nos outros. Uma das maneiras mais poderosas de elevar a autoestima de alguém é ouvir atentamente enquanto esse indivíduo se expressa. No meu livro *O poder do charme*, meu coautor Ron Arden e eu explicamos como o ato de ouvir com atenção uma pessoa, enquanto ela fala sobre qualquer assunto, é frequentemente visto como um comportamento encantador.

A chave para uma escuta de qualidade está em fazer perguntas e ouvir com atenção cada palavra das respostas. Quando a pessoa diminuir o ritmo ou terminar uma afirmação, faça outra pergunta. Incline-se para a frente, ouça sem interromper e absorva as palavras dela como se fossem as mais inteligentes e interessantes que você já ouviu.

Quando as pessoas são ouvidas com atenção, o cérebro delas libera endorfinas, fazendo com que se sintam satisfeitas consigo mesmas, o que, por consequência, eleva a autoestima. Como resultado, elas também associam essa sensação de bem-estar à sua presença, o que faz com que desenvolvam maior simpatia por você e passem a te enxergar como uma pessoa mais interessante.

6. *Nunca critique, condene ou reclame* de nada, direta ou indiretamente. Nunca diga ou fale nada que diminua a autoestima do outro ou o faça se sentir menos importante e valioso. Evite fofocar ou se colocar em discussões negativas sobre os outros. Nunca diga nada sobre alguém que você não diria diretamente a essa pessoa.

Uma das forças mais nocivas das relações humanas é a crítica destrutiva, que diminui a autoestima da pessoa que a recebe, a deixa irritada e na defensiva, além de fazê-la desgostar da fonte da crítica. Portanto, procure nunca se queixar de pessoas ou situações que não lhe agradam.

A palavra mais comum para descrever as pessoas mais populares em qualquer área é "simpática". Quando você pensa em um local que gosta de frequentar ou em um restaurante que costuma visitar, por exemplo, geralmente associa as pessoas desse lugar como sendo "simpáticas". Da mesma forma, ao recomendar alguém, é comum destacar que essa pessoa é "simpática".

No mundo das vendas e dos negócios em geral, as pessoas simpáticas costumam ser as mais bem-sucedidas. Elas conseguem fazer com que os clientes comprem mais e com mais frequência, além de serem indicadas a outros possíveis clientes.

Quando se questiona sobre o significado de ser "simpático", a maioria das respostas aponta para a alegria. Quanto mais positivo for um sujeito, mais ele transborda alegria. E quanto maior sua alegria, mais cativante se torna sua personalidade, fazendo com que os outros sintam satisfação em sua companhia.

7. Tenha cortesia, compaixão e consideração com todos que encontrar. Pense nessas atitudes como "os três Cs" e pratique-as com cada pessoa que cruzar seu caminho.

Quando você trata alguém com *cortesia* e atenção, essa pessoa se sente mais valorizada. E o resultado de fazer alguém se sentir mais valioso e respeitado é que essa pessoa, por sua vez, valorizará e respeitará você ainda mais.

Quando você demonstra *compaixão* pelo que está acontecendo na vida de alguém, essa pessoa tende a se aproximar de você e a gostar mais da sua companhia. Quando alguém enfrenta uma situação difícil e você demonstra cuidado, você toca o coração dessa pessoa, criando uma conexão emocional.

O terceiro dos "Cs", a *consideração*, refere-se ao ato de fazer e dizer coisas que elevem o sentimento de valorização e importância dos outros.

Demonstre preocupação para com as pessoas

Ao conhecer ou rever alguém, pergunte como essa pessoa está e preste atenção nas respostas. Muitas vezes, ela revelará algum problema ou mesmo preocupação. Se o fizer, demonstre consideração e sensibilidade, tratando a situação como se fosse de grande importância para você. Pode ser surpreendente, mas, ao agir com interesse genuíno, você acaba se sentindo de fato afetado emocionalmente por essa pessoa e pelo que ela traz.

A base para fazer florescer amizades duradouras e relações maravilhosas é elementar: determine que, daqui para a frente, quando as pessoas deixarem sua companhia, elas se sentirão *melhores* do que quando chegaram.

Coloque todas as ideias listadas acima em prática para fazê-las se sentir importantes. Procure maneiras de elevar a autoestima e reforçar a autoimagem delas. Faça-as se sentir valiosas. E mais: tudo o que você faz ou diz para fazer outra pessoa se sentir importante faz você se sentir importante na mesma medida.

Exercícios práticos

1. Elabore uma lista com seus amigos mais importantes, tanto no âmbito profissional quanto pessoal. O que você pode fazer para melhorar a autoestima deles e ajudá-los a se sentir ainda mais seguros de si?
2. Pense na primeira ação que você poderia tomar em cada encontro ou reunião para garantir que a outra pessoa se sinta valorizada e respeitada desde o início.
3. Comprometa-se a fazer com que cada um com quem interage se sinta mais importante e digno de atenção.
4. Adote uma postura de não julgamento em todos os seus relacionamentos. Sempre que possível, presuma as melhores intenções por parte dos outros e evite conclusões precipitadas.
5. Imagine que cada pessoa que você encontra tem pouco tempo de vida e você é a única pessoa ciente disso.
6. Descubra algo único ou impressionante em cada indivíduo e compartilhe com ele o quanto você ficou admirado com essa qualidade ou habilidade.
7. Imagine que cada conversa que você tem está sendo gravada por uma câmera escondida. Como você mudaria seu comportamento para garantir que fosse sempre mostrar a melhor versão de si mesmo?

CAPÍTULO 21

Autodisciplina e paz de espírito

"Os homens almejam melhorar suas situações de vida, mas se recusam a melhorar a si mesmos; assim, continuam aprisionados. O homem que não teme a crucificação de si mesmo nunca falhará em alcançar o objetivo que seu coração deseja. Isso é verdadeiro tanto para as coisas terrenas quanto para as celestiais. Mesmo o homem que deseja riqueza deve estar disposto a fazer grandes sacrifícios pessoais para alcançá-la; quanto mais aquele que busca uma vida forte e equilibrada".

—James Allen

A autodisciplina é o caminho para desvelar seu verdadeiro poder e alcançar a plenitude do seu potencial. Ao longo da história, em todas as religiões e filosofias, o maior ideal humano sempre foi a *paz de espírito*. A verdadeira medida do seu sucesso e o fator decisivo para a sua felicidade é sua capacidade de alcançar essa paz interior.

Para desenvolver sua espiritualidade e se tornar uma pessoa equilibrada, é preciso aplicar a autodisciplina aos seus pensamentos, sentimentos e ações. A elevação espiritual, a paz interior e a vivência da alegria: tudo isso requer autodomínio e autocontrole.

Sucesso exterior versus sucesso interior

Para ter sucesso no "mundo exterior", é preciso se disciplinar a manter o foco, a trabalhar com dedicação, a dar passos contínuos em direção às suas metas e a se tornar uma versão cada vez mais aprimorada de si mesmo, acompanhando o seu crescimento na jornada da vida.

No entanto, para ser bem-sucedido no "mundo interior", é necessário quase o *oposto*. Para alcançar a paz interior, você precisa se disciplinar a deixar de lado tudo aquilo que tira a sua tranquilidade e o seu contentamento.

O zen-budismo ensina que a principal causa do sofrimento e da infelicidade humana é o "apego". As pessoas se apegam a ideias, opiniões e coisas materiais, e então ficam relutantes em delas se desprender. Por vezes, ficam tão obcecadas por esses fatores externos que isso acaba afetando sua saúde mental e física – chegando até a tirar-lhes o sono.

Quando você pratica o desapego, distanciando-se *emocionalmente* de coisas ou resultados, as emoções negativas que os acompanham se dissipam.

A necessidade de estar certo

Boa parte das pessoas tem, no fundo, o desejo de estar certa. Contudo, quando essas pessoas param de se preocupar se estão certas ou não, todas as emoções cercando essa necessidade de correção tendem a desaparecer. A seguinte grande questão foi colocada pelo doutor Gerald Jampolsky: "Você quer ter razão ou ser feliz?".

Muitos se apegam com fervor às suas crenças religiosas ou políticas, todas *adquiridas*, de alguma forma, por intermédio de alguém mais. Contudo, ao se distanciar temporariamente de tais crenças, elas perdem a força de afetar suas emoções ou alimentar sua raiva.

Tenho amigos e já conheci pessoas com ideias e opiniões que abrangem todos os espectros políticos e religiosos. Na maior parte dos casos, nos entendemos bem por simplesmente deixarmos de lado discussões envolvendo opiniões divergentes. Nós, consciente e deliberadamente, *nos disciplinamos* a nos desprender dessas ideias, focando, em vez disso, em assuntos sobre os quais concordamos e temos interesses em comum.

Não atribua culpa a ninguém

A *culpa* é a principal responsável pelas emoções negativas e o maior obstáculo à paz de espírito. Como disse antes no livro, não é possível ter uma emoção negativa sem que exista alguém ou algo a quem culpar, de algum modo ou por algum motivo.

Para que a culpa exista, é necessário que um ou dois dos seguintes fatores estejam presentes: o primeiro é a *identificação*. Isso ocorre quando você se apropria da situação, tornando-a pessoal. Quando você decide que alguém fez ou disse algo negativo que afeta seus interesses, a raiva se manifesta e você acaba culpando essa pessoa.

Por exemplo, imagine alguém, apressado para o trabalho, perdido em pensamento, que talvez tenha acabado de brigar com o companheiro, te cortando no trânsito por acidente. Mesmo sendo um completo estranho, você pode imediatamente ficar com raiva dessa pessoa, porque acaba tomando o comportamento dela para si.

Mas, quando *se disciplina* a se desapegar e a parar de levar as coisas para o lado pessoal, a carga emocional negativa relacionada à pessoa ou ao incidente desaparece quase instantaneamente. Usemos de novo o exemplo de alguém que te corta no trânsito. Em vez de ficar enfurecido, você pode se desapegar da situação emocionalmente, dizendo para si mesmo: "Ah, ele deve estar com pressa para o trabalho, talvez esteja atrasado".

No momento em que diz isso para si mesmo, toda a negatividade relacionada ao ocorrido desaparece, e você se sente calmo, relaxado e positivo novamente.

Abandone o sofrimento

A *justificativa* é o segundo fator principal na tendência de culpar os outros. Isso acontece quando você diz a si mesmo (e aos outros) por que tem o direito de ficar com raiva ou chateado naquela situação.

Muitas pessoas acabam se apegando ao próprio *sofrimento*. Os problemas do passado se tornam o centro de sua vida, e elas ficam constantemente revivendo o que aconteceu. Passam o dia, e até a noite, travando diálogos imaginários, cheios de raiva, com outras pessoas que nem estão mais presentes, mas que acreditam tê-las ferido no passado.

Sempre que essas pessoas se engajam em uma conversa por qualquer período de tempo que seja, elas trazem seu sofrimento à tona, exibindo-o para o outro como um comerciante em um bazar. Elas então rememoram os eventos infelizes de sua vida, contando como foram maltratadas e como a outra pessoa foi horrível ao agir daquela maneira. No entanto, quando *você se disciplina* a parar de justificar suas emoções negativas, rememorando de novo e de novo o que aconteceu, o que fizeram ou deixaram de fazer, e, em vez disso, aceita com serenidade que "coisas acontecem" na vida, a negatividade associada àquela outra pessoa ou situação desaparece.

Pratique o perdão

A prática do perdão representa o auge da autodisciplina no caminho espiritual. Segundo a Lei do Perdão, "você é mental e emocionalmente saudável na medida em que consegue perdoar de maneira genuína qualquer pessoa que tenha te ferido de alguma forma".

Toda pessoa – inclusive você – já enfrentou, em algum momento da vida, críticas destrutivas, maus-tratos, falta de gentileza, rudeza, injustiça, traição e desonestidade por parte de outros. Esses acontecimentos, embora lamentáveis, são parte inevitável da condição humana. A única maneira de escapar dos problemas e das dificuldades de viver em uma sociedade composta de gente de todo tipo, como a nossa, seria se isolar em uma caverna.

A única pergunta que você precisa fazer e responder após ter tido uma experiência negativa é: "Quanto tempo vai levar para eu superar esse acontecimento e seguir com a minha vida?" É uma decisão que apenas você pode tomar – e uma das decisões mais importantes que pode tomar, especialmente se busca alcançar a felicidade. Trata-se também de um verdadeiro teste da sua disciplina mental e espiritual.

Curva do Esquecimento

Todos temos uma "Curva do Esquecimento", frequentemente chamada de "Curva do Perdão". Essa curva mede a rapidez com que você perdoa e esquece uma experiência negativa, sendo um indicador de quão saudável você é mental e emocionalmente.

Imagine um retângulo com uma escala de zero a cem subindo pelo lado esquerdo. Essa escala representa a intensidade da emoção negativa que você sente ao ser magoado ou ofendido de alguma forma. Na base do gráfico, temos os meses e anos da sua vida.

Você pode ter uma curva de perdão plana ou uma curva de perdão inclinada e descendente. Se a sua curva de perdão for plana, isso significa que você mantém sua raiva por muito tempo, às vezes por anos ou até décadas, com a mesma intensidade de quando o evento aconteceu.

Há quem continue alimentando a raiva por situações vividas com os pais décadas atrás. Sempre que possível, reabrem seu baú de mágoas, narrando eventos da infância como se tivessem ocorrido ontem.

Psicólogos e psiquiatras que atendem pessoas infelizes geralmente o fazem porque essas pessoas têm curvas de perdão planas. As sessões terapêuticas costumam girar em torno de algo que alguém fez ou deixou de fazer ao paciente no passado – e de como isso ainda afeta negativamente suas emoções no presente.

Supere e siga em frente

Pessoas verdadeiramente saudáveis, por outro lado, têm curvas de perdão *descendentes*. Embora tenham enfrentado tantas dificuldades quanto qualquer outra pessoa, elas escolheram *se disciplinar* a perdoar e esquecer rapidamente, permitindo-se seguir em frente. Em vez de arrastar essas questões como se fossem bagagens pesadas, preferem deixá-las pelo caminho e concentrar sua energia nas coisas que as fazem felizes.

O caminho para o reino espiritual passa pela prática do perdão. A paz de espírito só se torna possível quando você se disciplina a perdoar, de maneira deliberada, qualquer mágoa ou ferida causada por outra pessoa.

O perdão é um ato individualista

Quantos são aqueles que têm um entendimento equivocado em relação ao conceito de perdão. Pensam que perdoar alguém que os magoou é o mesmo que *concordar* com esse comportamento ou até mesmo endossá-lo. Muito pelo contrário. O perdão é um ato puramente *individualista*. O perdão não tem absolutamente nada a ver com a outra pessoa. Você perdoa os outros para que você mesmo possa ser emocionalmente livre, para que não continue carregando esse fardo.

Você é uma pessoa incrivelmente inteligente e perspicaz. Dotada de uma mente maravilhosa. Pode usá-la a seu favor, para te ajudar a ser feliz, ou usá-la *contra* você. No seu potencial mais elevado, ela serve para encontrar razões para perdoar. Em vez de reviver e dissecar um evento passado, procurando racionalizações, justificativas e razões para levar algo para o lado pessoal, por que não usar essa sua inteligência para encontrar motivos para aceitar a responsabilidade e deixar a situação negativa para trás?

Aceite a responsabilidade e perdoe

No momento em que escolhe assumir a responsabilidade e perdoar cada pessoa por qualquer atitude que possa ter te magoado, você se liberta por completo. As emoções negativas se dissipam, dando lugar a um profundo estado de paz de espírito, amor e felicidade.

A recompensa por usar sua autodisciplina para praticar o perdão é extraordinária. Ao aplicar suas incríveis capacidades de autocontrole, autodomínio e desapego para se separar emocionalmente de situações que, de outra forma, te deixariam infeliz, a sua qualidade de vida, como um todo, se elevará a um nível extraordinário.

Exercícios práticos

1. Faça o teste do perdão: você prefere estar certo ou ser feliz?
2. Reflita sobre as pessoas do seu passado que, de alguma forma, te magoaram e decida hoje perdoá-las, libertando-se dos sentimentos negativos associados a essas lembranças.
3. Encontre motivos para *não* justificar emoções negativas de culpa ou de raiva e, em lugar disso, use sua inteligência para assumir a responsabilidade.
4. Defina a paz de espírito como sua maior prioridade e comprometa-se a deixar para trás pensamentos e emoções que o perturbem de alguma forma.

5. Adote o hábito de começar o dia lendo algo espiritual e inspirador. Esse simples gesto tem o poder de transformar sua vida.
6. A partir de agora, recuse-se a levar as coisas para o lado pessoal. Pergunte a si mesmo o quanto isso importará daqui a cinco anos.
7. Por fim, pratique o desapego em relação a dinheiro e bens materiais, inspirado no método budista, evitando se preocupar ou se aborrecer com questões relacionadas a eles.